PARENT AU QUOTIDIEN :

Ces 10 Vérités Que Tout Parent Devrait Connaître

Marie Gisèle M. Onguene

Table de matière

Introduction

Cher(s) parent(s),

Je suis heureuse que tu tiennes ce livre dans tes mains. Ma prière est qu'il t'ouvre les yeux afin que tu réalises qui est ton enfant et la destinée qui est la sienne.

Cet ouvrage n'est pas un document pédagogique, mais un recueil de conseils (réflexions) découlant de mon expérience de parent et de ce que j'ai pu observer chez certains autres.

Très souvent plongé(es) dans notre rôle, il nous arrive parfois d'oublier que l'enfant d'aujourd'hui est l'adulte de demain et que celui-ci sera, le fruit des différentes éducations qu'il aura reçues : soit à la maison, à l'école ou de son vécu avec les autres. En somme, le caractère que nous manifestons ou le regard que la plupart d'entre nous posons sur la vie en général, est très souvent la reproduction de différents héritages issus de l'éducation que nous avons reçue.

En écoutant des témoignages çà et là et en parcourant différents ouvrages, j'ai constaté que de nombreux parents sont souvent déçus de découvrir que l'adulte que leur enfant est devenu, est aux antipodes de l'idée qu'ils s'en étaient faite. Il est certain que tous les parents ne sont pas à loger à la même enseigne, car les expériences ne sont pas identiques. Mais, malgré la singularité des cas et les défis particuliers que nous vivons avec chacun de nos enfants, nous gagnons à connaitre comment agir face à certaines réalités qui s'avèrent souvent communes pour tous. Ce qui nous aidera à anticiper dans certains cas et dans d'autres, à ajuster ou à adopter des réponses appropriées advenant une situation similaire dans notre entourage.

Tu constateras, en parcourant les pages, que j'associe Dieu à tous mes récits. C'est premièrement en raison de ma foi, mais aussi parce que Dieu est indissociable de l'humanité. Il est celui qui a pensé l'humain dans ses moindres détails et qui a placé chacun de nous dans ce monde pour un but précis. Ton enfant n'est donc pas un accident de parcours, ni n'est présent sur cette terre du seul fait de ta volonté. La parole de Dieu déclare qu'Il a envoyé chacun de nous dans ce monde, pour les bonnes œuvres qu'il a préparées d'avance pour que nous les accomplissions (Éphésiens 2 :10).

Toutefois, le créateur ne peut accomplir Ses desseins dans la vie de ta progéniture sans ta contribution.

Je partage donc avec toi ces petites histoires qui sont des réalités auxquelles nous avons fait face ou que nous continuons à vivre en tant que parents. J'y ajoute les décisions et les choix que mon mari et moi avons dû prendre, et qui ont été salutaires autant pour nos enfants que pour toute la famille. Ma prière est que tu saisisses combien l'avenir de ton enfant est important afin de ne pas tomber dans l'erreur qui est de ne rester focalisé que sur la réalité présente. À savoir, la « charge » qu'ils sont pour nous au quotidien. La vérité, au-delà de la réalité présente, est que tout enfant est un trésor, porteur de solutions divines pour influencer et impacter sa génération. Tout dépend cependant de toi, et de la manière dont tu te saisis de ce privilège que Dieu t'accorde de bâtir avec Lui, une génération d'hommes et de femmes qui feront la différence dans un monde sans espérance.

Je t'invite donc à découvrir au fil des pages, ces vérités qui te feront envisager désormais l'éducation et les rapports avec ton enfant sous un angle nouveau.

Hier n'est pas si loin...

Je me revois encore enfant. C'était au cours de la décennie 80–90. Espiègle, joyeuse et parfois mélancolique. À cette époque déjà, je me rappelle que malgré mon insouciance, beaucoup de paroles, d'actes et d'attitudes me faisaient mal. Pensant peu ou ne réalisant pas que ce que je vivais était passager, et que dans un futur proche, je deviendrai moi aussi, une adulte sous l'autorité de laquelle des enfants se retrouveraient.

Cher(e) parent(e), te revois-tu dans ton enfance, ou le cadre familial dans lequel tu as vécu? Te rappelles tu de la manière dont tu étais traité(e) et ce que tu n'aurais pas voulu vivre ou subir ? Jésus-Christ traitant du rapport à autrui, nous recommande de faire aux hommes, ce que nous voulons que ces derniers fassent pour nous (Matthieu 7 :12). Ce qui a valu pour toi au passé, le vaut tout aussi pour tout enfant dont tu as la charge quel qu'il soit, d'où qu'il vienne.

Revisiter son passé d'enfant est important lorsqu'on est chargé de s'occuper des tout-petits. Cela permet de ne pas oublier la fragilité de ces êtres et surtout l'amour et la bienveillance avec laquelle nous devons les traiter. Il y a tellement de choses que nombre d'entre nous aurions aimé ne pas avoir connues dans l'enfance, qu'il serait judicieux de nous en rappeler et d'ajuster notre rapport aux enfants.

Une histoire triste me revient à la mémoire. Il s'agit de celle d'un de mes neveux qui a subi des maltraitances de la part de sa belle-mère (la femme de son père) alors qu'il n'était âgé que de deux (2) ans. En fait, c'est la voisine qui, choquée par les mauvais traitements que subissait l'enfant, en avait alerté certains membres de la famille. Le garçon était battu et parfois tenu enchainé par sa belle-mère qui voulait le « dresser » parce que, disait-elle, c'était un enfant turbulent. Aujourd'hui, c'est un beau jeune homme, mais manquant totalement d'assurance et de confiance en lui. Il est passionné d'art culinaire et malgré les nombreuses opportunités qui se sont présentées à lui, il continue à chercher sa voie. Mon époux et moi continuons à prier que Dieu lui permette de trouver une stabilité et qu'il soit définitivement casé dans la vie.

Vérité 1

Tu es la meilleure chose qui lui soit arrivée dans la vie

Moi ? Sans ambages, je te réponds oui, toi !

Crois-tu vraiment qu'il y a meilleur parent que toi pour éduquer et élever ton enfant ? Je suis certaine que non ! Penses-tu que Dieu s'est trompé en faisant de toi le parent de cet enfant ? Je n'en suis pas sure.

S'il y a une chose que j'ai lue dans la Bible et que j'ai comprise au fil du temps, c'est que le hasard n'existe pas. Car, Dieu a tout fait pour un but (Proverbes 16 : 4). Avant qu'une chose soit, Il la connait déjà entièrement et maitrise parfaitement ses contours, ses tenants et ses aboutissants.

Les humains parlent de hasard car qu'ils n'en connaissent que la manifestation visible C.-à-d., ce qu'ils vivent à l'instant présent. Le futur, nous n'y avons aucune prise, ni maitrise. Nous pouvons cependant l'imaginer en nous fondant sur les décisions et les actions prises dans le présent.

En faisant de toi le parent de ta progéniture, Dieu ne découvre ni tes forces, tes faiblesses encore moins ton passé. Il sait qui tu es, mais surtout que tu es la personne appropriée pour accompagner cet enfant et l'aider à devenir ce champion ou cette championne qu'il a préparé d'avance. C'est la raison pour laquelle, tu es le papa, la maman idéale pour ton enfant. Au regard de ce qui précède, tu es certainement tenté(e) de savoir pourquoi, malgré l'investissement en temps et en argent de certains parents, de nombreux enfants finissent souvent par déraper ?

L'une des réponses est que : on ne leur a pas appris à connaître qui ils sont et, surtout les capacités que Dieu a mises en eux. Un auteur chrétien m'a permis de cerner clairement les choses. Et je peux résumer ces capacités en ces deux éléments essentiels qui permettent à un Homme d'entrer dans sa destinée et à s'accomplir dans la vie : la connaissance de son identité et son appropriation.

Conduire un enfant sur le chemin de la réussite ne consiste donc pas seulement à s'occuper de lui au quotidien et à pourvoir à tous ses besoins physiques. Il s'agit aussi de lui permettre d'accéder à la connaissance de qui il est et d'où il vient. C'est une dimension spirituelle indispensable et incontestable, mais que très peu de parents ont souvent pris en compte. Elle est primordiale et devrait être une quête permanente pour tout parent.

Un enfant n'est pas comme un animal dont les parents doivent uniquement prendre soin des besoins existentiels, à l'instar d'un chat ou d'un chien. Contrairement à un animal, un enfant est avant tout doté d'un être intérieur qui a besoin d'être nourri afin de croître et de se développer. C'est cet être qui se manifestera à travers ses choix, paroles et actes, quelques années plus tard. Il doit être imprégné de valeurs nobles pour qu'il ne soit pas plus tard, un être balloté par tous vents de doctrines. Tu dois, en tant que parent, donner à ta progéniture les bases et les clés qui lui permettent d'affronter les courants de ce monde, les défis de la vie avec sérénité et détermination.

Le révérend Raoul Wafo (Un serviteur de Dieu basé en Côte d'Ivoire), dans un enseignement a dit une chose qui m'a particulièrement marquée. Jésus-Christ, révéla-t-il, ne s'est pas découvert roi, Il l'était déjà avant sa venue sur terre. Car, Dieu l'avait déjà élevé à cette dignité bien avant sa naissance. Son avènement n'était donc que le passage tracé pour remplir ce mandat. Ce qui justifie ses propres propos quand Il déclare dans Luc 4 :18-19: « l'Esprit du Seigneur est sur moi. Il m'a oint pour...publier une année de grâce du Seigneur ».

Papa, maman, sache que la venue de ton enfant dans ce monde n'est pas le produit du hasard, ni même qu'elle procède de ta seule volonté. Bien au contraire, c'est une question de mandat. Dieu a agi avec toi comme Il l'a fait avec Anne (1 Samuel 1 : 12-17).Tu désirais un enfant? Dieu a vu ton désir et a décidé de t'exaucer. Il est vrai que la conception de Samuel résultait d'une prière et que ça n'est pas le cas pour toutes. Cependant, quelle que soit la manière dont un enfant est arrivé, celui-ci est connu de Dieu. Il n'est donc pas en villégiature sur la terre. À toi de savoir lui montrer le chemin qui mène à ce Dieu, dès ses premières années afin qu'il sache se prendre en main efficacement plus tard.

En effet, rappelles-toi toujours que dans la relation parent–enfant, chacun a sa partition à jouer. Dieu le Père a son rôle à jouer, le parent, le sien, et à partir d'un certain âge, l'enfant devra lui aussi prendre ses responsabilités en s'investissant à travers son travail, ses choix et ses décisions.

Vérité 2

On ne naît pas parent, on le devient.

Il y a quelques années, j'étais intimidée à l'idée de devenir mère. Je m'interrogeais sur ma capacité à m'occuper d'un enfant et à être une bonne maman. Plus le temps passait, plus la question devenait lancinante, et avec toujours le même doute. Une fois devenue maman, j'ai réalisé qu'il n'y avait aucune raison de se faire autant de soucis. La bonne chose à faire lorsque tu te sens en proie au doute, est de t'informer sur le sujet (par la documentation), d'interroger des personnes de ton entourage sur leur expérience ou même regarder des vidéos en rapport avec le sujet sur YouTube.

Toutefois, sache que les expériences ne sont pas les mêmes pour tous. Comme l'indique le titre de ce chapitre on ne naît pas parent, on le devient.

La fonction de parent renvoie à un certain nombre de mutations traduites par le verbe « devenir ». C'est un processus qui implique un changement à différents niveaux résultant des temps et saisons de notre vie au travers des expériences vécues. C'est un revirement à 360 degrés dans la façon de penser, de parler et d'agir. Cela ne se fait pas en un mois ou une année. Il s'étend sur le temps. C'est la raison pour laquelle, il nous arrive de dire d'une personne qu'on a côtoyée quelques années auparavant, qu'elle a changé depuis qu'elle est devenue parent. Il ne s'agit pas ici de changement physique, mais plutôt, d'une évolution dans la vision de la vie, l'approche des problèmes et de la perception de la parentalité. Une véritable transformation que nous ne devons en aucun cas subir, que nous en soyons conscient ou pas.

Être parent n'est pas toujours une sinécure. En effet, je l'ai découvert à mes dépens comme beaucoup d'autres. Très souvent, on a du mal à l'accepter ou à intégrer que l'enfant que l'on côtoie n'est pas un ours en peluche ou un animal domestique malléable à guise. C'est sans doute ce qui peut expliquer les difficultés auxquelles on est confronté dans l'exercice de ce que j'aime appeler ministère. Celles-ci peuvent laisser croire, à tort ou à raison, que certains parents ne sont pas à la hauteur. Alors qu'ils ont juste besoin d'un accompagnement qui produira le déclic chez eux. Malheureusement, ils n'arrivent pas à l'exprimer.

Être parent est une aventure que l'on expérimente avec l'enfant, qui partage notre vie au quotidien. Ce dernier peut-être un enfant biologique ou un enfant adopté, peu importe. Il est en croissance et ses besoins sont les mêmes que ceux de tous les autres enfants.

Un enfant qu'on côtoie quotidiennement dans le cadre de sa fonction d'enseignant par exemple, est un enfant que l'on ne connait pas véritablement. On peut avoir un aperçu de certains aspects de sa personnalité. Mais le connaitre, relève d'un autre niveau d'appréciation qui requiert qu'on le voit évoluer dans un cadre différent. Ce qui m'amène à émettre l'assertion suivante :

Un enfant, on ne le connait pas juste après seulement quelques heures d'interaction avec lui. On le découvre au fil du temps dans une relation quotidienne et continue.

Un enfant se dévoile dans son cadre de vie familial et là où il se sent en confiance. Ces jeunes êtres sont à notre image et agissent tout comme nous le ferions. Lorsque nous sommes en interaction à l'extérieur avec des personnes tierces qui ne sont ni des membres de famille ni des intimes, nous essayons toujours de garder une attitude respectable et d'être en contrôle. Cependant, lorsque nous nous retrouvons en famille, nous laissons exprimer notre vraie personnalité. C'est la même chose avec nos enfants. Il est donc compréhensible qu'un enfant ait un comportement différent à la maison de celui qu'il présente à l'extérieur. D'aucuns parleront de timidité mais, moi, je dirai « découverte et confiance ».

Ce que je voudrais faire ressortir à travers cette illustration est que, être parent ne se limite pas à un titre ni au fait d'être un géniteur. Ce n'est pas non plus le fait d'apporter son assistance de temps à autre. C'est bien plus que ça : il est question ici d'un don de soi dans le sens littéral du terme (de sa personne, son énergie, son argent...bref, de sa vie).

Être parent, c'est avant tout un état d'esprit et la considération que l'on a du protégé que nous appelons « notre enfant ». Les sacrifices et traitements ne seront que la matérialisation des sentiments vrais que nous avons pour lui. La Bible dit à ce propos que « … c'est de l'abondance du cœur que la bouche parle » Luc 6 : 45. Nos paroles, gestes et actions envers lui traduiront la profondeur de ce qui est dans notre cœur envers une personne.

Pour revenir à mon histoire, je suis tombée enceinte de notre premier enfant à l'âge de trente-deux ans (32 ans). Mais bien avant, j'avais une vie bien rangée. J'étais mariée, investie dans diverses activités (à l'université, au sein de notre église locale à Bruxelles et mon job d'étudiante). Je gérais mon emploi de temps à ma guise, mon mari et moi sortions et nous déplacions parfois sur improvisation. Notre appartement était toujours propre et bien rangé. De plus, nous n'étions pas coutumiers de nuits blanches. Je rêvais d'enfant comme toute jeune femme mariée, mais j'étais mal préparée aux changements que cela exigeait. En fait, l'enfant est arrivé contre toute attente après sept ans de mariage.

Les médecins nous avaient martelé à plusieurs reprises qu'il me serait difficile, voire impossible de concevoir parce que j'avais un utérus polyfibromateux. Avec les années, malgré une vie sexuelle plutôt épanouie, nous étions obligés de nous rendre à l'évidence : leur diagnostic était juste. Et au mois de mai 2011, lors d'une visite banale à l'hôpital pour de petits malaises abdominaux, j'apprends que je suis enceinte. J'en suis estomaquée. À la vérité, ce serait mentir que de dire que nous n'étions pas heureux face à ce beau clin d'œil du Seigneur. Cependant, dans l'euphorie, nous ignorions que nous vivions nos derniers moments de belle tranquillité et que notre vie n'allait plus jamais être la même.

Avec le recul et après plusieurs maternités, je peux affirmer avec certitude que Dieu prépare à cette responsabilité nouvelle. Tout couple attentif constatera que de la conception à l'accouchement, les malaises vécus, les insomnies et la pression des dernières semaines, sont autant d'étapes qui nous forment à rentrer dans la nouvelle vie qui nous attend.

Devenir parents, revient aussi à intégrer que ta vie rentre dans une new normale; pour imiter le vocabulaire en vogue avec l'avènement de la Covid 19. Une autre façon de dire que notre vie prend un virage sans retour. En tant que parent, tu ne seras plus jamais tout à fait libre de vivre de manière insouciante parce que tu es conscient que d'autres existences dépendent de toi.

Je ne sais pas pour toi, mais je me rappelle la façon dont je considérais les parents d'enfants lorsque je n'en avais pas encore. À cette époque, chaque fois que j'en rencontrais, je trouvais normal et naturel leur manière de se comporter avec leur progéniture comme si être parent était inné. En effet, pour moi, cela allait de soi. Il me souvient même que lorsqu'une de mes sœurs ainées se plaignait ou criait après l'un de ses enfants, je trouvais qu'elle exagérait. Mais depuis que je suis devenue mère, croyez-moi, mes idées ont beaucoup évolué sur le sujet.

En fin de compte, j'ai compris que devenir parent, est toute une école de la vie. Une école dont le cursus consiste à apprendre à se découvrir, à découvrir l'autre et à lui apporter ce qu'il y a de bon en nous afin que ressortent de lui sa nature véritable et le potentiel enfoui en lui et qui est indispensable pour accomplir sa mission à lui.

Te sens-tu présentement incapable ou complètement à la ramasse face à ta charge? Je voudrais simplement te rassurer en te disant que c'est normal. Tout parent, à un moment de sa vie, affronte ce sentiment d'impuissance et de lassitude. Pour en sortir, tu dois répondre à cette invitation que Jésus adresse à chacun, au moment où nous en ressentons le grand besoin : « Venez à moi, vous tous qui êtes fatigués et chargés et je vous donnerai du repos » Matthieu 11 :28.

Je t'encourage à y répondre positivement, à aller vers cette relation privilégiée (si tu n'as pas encore confié ta vie au Christ) qui, pourra vraiment te parler et te montrer combien on gagne à s'en remettre à Dieu. Car grâce à cette connexion avec le ciel, tu découvriras ta véritable identité, apprendras à devenir fort, persévérant et déterminé; tu pourras affronter victorieusement avec elle, les défis de tout ordre, que rencontre ta progéniture.

Vérité 3

Si je suis parent, alors j'ai une mission

Ce point vient compléter le précédant. Cette vérité porte sur l'appel d'un parent et la responsabilité qui en découle, tant sur le plan naturel qu'au plan spirituel. Le mot appel, dans le jargon chrétien, fait référence à la mission, à une cause (le but) pour laquelle nous œuvrons avec la grâce de Dieu en vue de l'accomplissement de ses desseins pour l'Humanité. Toute personne qui accepte de devenir un parent est porteuse de cette mission. Sa responsabilité reconnue ou tacite devient de faire de son fils/sa fille, un futur adulte intègre et respectueux des valeurs nobles du royaume de Dieu et marchant dans la crainte de ce Dieu à qui, il appartient.

Malheureusement, ce que j'ai constaté chez la plupart des parents, c'est qu'un grand nombre ne parle, généralement, avec fierté de leur progéniture que pour vanter leurs succès académiques, sociaux ou professionnels. Et cela est souvent imprégné de la façon dont lui, le parent, investit matériellement et financièrement pour ses enfants. Nous en tirons très souvent une telle fierté que nous oublions que, bien que ce soient des "réussites", la véritable, reste et demeure le salut de leur âme et la destination finale au départ de ce monde. Loin de moi l'idée de sous-estimer ces diverses grâces qui leur sont accordées par le Seigneur. Mais une chose est de se réjouir des grâces de Dieu et l'autre, de comprendre que la priorité est ailleurs.

Bien plus que la réussite sociale

« Que sert-il à un homme de gagner tout le monde, s'il perd son âme? », rappelle le Seigneur Jésus-Christ en Marc 8 : 36. En d'autres termes, c'est une grossière erreur de ne s'appuyer que sur les critères humainement acceptés de tous pour estimer qu'on a réussi sa vie. La réussite va au-delà de ces canons. Elle implique avant tout, l'âme d'une personne. Du moins, ce qu'il en adviendra une fois que l'on aura fermé les yeux pour toujours.

Et c'est à partir de là que notre mission prend tout son sens. Car être parent, n'est pas un titre juste pour faire joli. Être parent, c'est être le mentor, le modèle, le repère auquel l'enfant s'identifie et construit les premières années de sa vie. Une sorte de borne de départ à laquelle l'enfant se réfère pour aller plus loin dans la vie. Eh oui, nous ne sommes pas là que pour répondre aux besoins existentiels, mais ce que le Seigneur attend de nous, lorsqu'il nous fait la grâce d'être parent, va bien au-delà. Dieu fait de nous des leaders pour nos enfants afin de les influencer.

Tu es son modèle : un enfant est très souvent fan de ses parents

Dans les premières années de leur vie, chaque parent a une grande influence sur son enfant. Cette capacité d'influencer est celle dont jouissent beaucoup de ceux que nous appelons des leaders. Elle participe de ce qu'on appelle le leadership d'influence. Avant d'en développer les caractéristiques, Il convient de présenter la référence biblique sur laquelle je m'appuie pour soutenir cette pensée. Dans Proverbes 22 : 6, il est dit, "Instruis l'enfant selon la voie qu'il doit suivre; Et quand il sera vieux, il ne s'en détournera pas".

À travers cette injonction, Dieu nous enseigne quelque chose de capitale : le futur ou le devenir de nos enfants se trouve entre nos mains. Non entre les mains des enseignants, ni devant des écrans de TV, de tablettes ou d'ordinateurs ; encore moins entre celles de certaines fréquentations. Mais bien, entre nos mains. C'est à nous que revient la responsabilité de leur montrer la bonne voie. En d'autres termes, si nous les conduisons en y joignant les "matériaux" de qualité, Dieu en fera des personnes extraordinaires qui feront, non seulement sa joie, mais aussi notre fierté.

Ce leader que tu ignores être

Des leaders qui s'ignorent, il y en a beaucoup. J'espère que ce n'est pas le cas pour toi. Sinon, tu as encore la possibilité de reprendre la main ! Pour commencer, nous allons définir ce qu'est le leadership.

Après avoir fait le tour, j'ai finalement choisi la définition du docteur Myles Munroe car, elle me semble être celle qui explique mieux, ce que je veux exprimer. Il est celui qui m'a permis d'avoir une idée claire de cette notion. Pendant un moment durant mes études de gestion, j'étais un peu mêlée avec ces concepts. C'est en écoutant une de ses conférences que j'ai compris ce que c'est que le leadership et qui peut être appelé « leader ».

Un petit mot sur ce brillant auteur pour te donner un aperçu de qui, il était. Myles Munroe était un éminent conférencier chrétien originaire des Bahamas. Enseignant et consultant gouvernemental en leadership, il avait une renommée internationale. Il est décédé en 2014 à la suite d'un accident d'avion.

On présente communément un leader comme une personne avec une certaine position sociale, ayant une influence dans un domaine donné et, qui dirige ou mène d'autres personnes.

Cependant, si nous partons de ce postulat, il est difficile pour un parent de réaliser l'immense pouvoir d'influence, qui est le sien. Or ton statut de parent te confère un pouvoir incroyable, si tu sais en faire usage, pour semer en ton enfant de bonnes graines et en faire une femme, un homme qui influencera positivement ceux de sa génération quel que soit son rang social. Il me souvient avoir lu dans la biographie de Nelson Mandela que l'une des principales valeurs que ceux qui le côtoyaient lui reconnaissaient, c'est le fait qu'il était un homme qui avait de la considération pour tous. Car, il estimait que chacun avait quelque chose à apporter. Pour lui, la force d'une entité ne pouvait reposer sur la seule considération des capacités individuelles, mais dans la jonction des capacités communes. Cette vision qui avait toujours été son leitmotiv et qui l'avait animée tout au long de son combat tenait ses origines et sur la manière dont il avait été élevé. En fait, comme Nelson Mandela l'avait lui-même expliqué, il avait été éduqué selon la pensée et la culture Ubuntu. Une conception de la vie (bantoue) qui avait structuré profondément sa vision du monde et avait fait de lui, ce grand homme qu'il est devenu.

Je ferme ce point qui était juste une parenthèse ouverte pour montrer combien l'éducation de base et, les parents peuvent influencer profondément leur enfant.

Revenons à la définition du leadership, selon le Docteur Munroe. La différence de sa définition d'avec les autres, c'est le fait qu'elle intègre une dimension non négligeable : la pensée de Dieu, Le créateur et le pouvoir qu'elle confère à tout être humain.

Pour le Révérend Munroe, le leadership intègre et se résume à deux (2) réalités : qui tu es et ce que tu penses.

Réalité 1 : « Qui es-tu ? »

Avant d'être parent, qui es-tu ? La connaissance de ton identité est primordiale. Celle-ci te permettra de connaître ta valeur intrinsèque, te positionnera par rapport à tes objectifs et t'aidera à ne plus te laisser balloter par toute sorte de pensées. Cette connaissance sera le ciment de tes convictions et te permettra d'établir et de construire ta vie sur des valeurs. Lesquelles peuvent être transmises à ta progéniture.

Réalité 2 : « Ce que tu penses »

Je reprends quelques éléments de mon livre « Refuse d'exister, choisis de réussir ta vie ».

Il est capital de savoir que la pensée de l'homme est au cœur même de sa réussite. Ce qui en fait le plus grand champ de bataille que l'humanité ait connu. Car ni les guerres, ni les stratégies de guerre, ni tous les maux atroces dont souffrent notre monde ne commencent dans les champs de batailles physiques. Ces luttes partent souvent, pour la plupart de pensées non traitées, des âmes malades.

Il en va de même pour un leader. Myles Munroe soutient que les leaders ont une vision des choses différentes de celles des autres et sont motivés par la volonté de voir s'accomplir le rêve qu'ils portent. Pour mieux expliciter la pensée de notre conférencier, revenons sur la personne du président Nelson Mandela. Il luttait pour une cause et non pour un positionnement personnel. Ce qui n'est pas le cas de la grande majorité des hommes politiques. Un leader ne court pas après un électorat. Il ne change pas sa vision au gré des saisons ou des défis.

Une question avait alors été posée à notre conférencier : tout être humain est-il un leader ? Sa réponse a toujours été oui. Mais le fait est qu'il y en a qui ont conscience qu'ils le sont tandis que d'autres, ignorent qu'ils ont en eux cette graine.

D'après le docteur Munroe, le leadership tire son essence du mot « dominez ». Injonction que Dieu a donnée à l'Homme dans la Bible en genèse 1 (versets 27 et 28), après qu'il l'a créé. Ce qui signifie de facto que tous, avons reçu la capacité de diriger. Dès le moment ou l'être humain a reçu ce mandat, il lui a été également conféré l'autorité qui va avec et la capacité d'influencer. Il te revient donc de prendre conscience de ce pouvoir que Dieu t'a donné; de réaliser que le leadership n'a rien à voir avec le statut social ou le niveau académique.

Le leadership correspond donc à la capacité à porter une vision divine et d'en transmettre les valeurs à notre entourage qui, finalement les intègre comme siennes. Ces valeurs deviennent des modèles de vie qui influencent les actions, us et coutumes. Elles sont, par la suite, transmises d'une génération à une autre.

Cette définition est vraiment appropriée au cadre familial parce que de manière générale, les parents influencent toujours leurs enfants d'une manière ou d'une autre. Ceci m'amène de fait à introduire le concept de leadership d'influence.

Le leadership d'influence, comment s'articule-t-il ?

Si le leadership est connu pour être un art combiné à diverses aptitudes consistant à organiser et à coordonner les ressources, les énergies et les relations dans une dynamique productive en vue d'obtenir un certain résultat, **le leadership d'influence, lui, s'exerce avec un but en arrière-plan, celui de laisser une empreinte**. Il ne se cantonne pas qu'à l'art de gouverner. Le leader ici, s'investit sur tous les plans pour atteindre le résultat escompté et le transmettre. Les manières de penser, de faire et d'agir sont alignées sur la vision / le rêve. C'est un peu avec ce leitmotiv du Seigneur « allez et faites de toutes les nations, des disciples » (Matthieu 28 :19), que fonctionne un leader d'influence. Dans ce cas précis, **la vie du parent est bâtie sur des principes et valeurs qu'il travaille à transmettre à sa progéniture**. Car au final, ce qui constitue les familles équilibrées et une société juste, c'est cet héritage de valeurs reçu des anciens.

C'est ce même leadership qui caractérisait Jésus-Christ, le Seigneur. D'où la nécessité pour tout chrétien de manifester cette nature de Christ en présence ou en l'absence des autres car, tel Il est, tels nous sommes dans ce monde.

Notre Seigneur avait une mission et il s'est, consciemment et intentionnellement attelé à l'accomplir. Cela est clairement illustré dans ce passage d'Hébreux 12 : 2 « Il a souffert la croix, méprisé l'ignominie en vue de la joie qui lui était réservée ». Il a souffert, méprisé... en vue de... Ce n'était pas facile mais, il a accompli sa mission parce qu'il connaissait le prix qui y était attaché.

Cher parent qui lis ce livre, le leader d'influence que tu es, est appelé à manifester une nature autre que celle de certains parents que nous côtoyons quotidiennement dans le monde séculier. Nous sommes pour nos enfants l'image visible du Christ invisible. Car Jésus, ils entendent parler de lui au quotidien mais, c'est à travers nous, qu'ils expérimentent sa nature. Ce qui suppose de travailler des aspects de notre personnalité que nous pouvons penser anodines. Ceux-ci étant un des vecteurs dont Dieu se servira pour sauver et montrer le chemin de la vie à nos enfants.

Alors quels sont ces aspects de notre personnalité qui peuvent rejaillir et influencer nos enfants ?

Les pensées corrompues

Il nous est commandé en proverbes 4 : 23, de garder notre cœur plus que tout, car de lui proviennent les sources de la vie. Autrement dit, si nous ne veillons pas à ce qui rentre dans notre cœur, de mauvaises pensées nous pousseront à semer par des paroles et des actes, désolation et mort autour de nous. Il y a un adage qui dit « qui sème le vent, récolte la tempête. Et de manière générale, les êtres humains récoltent tôt ou tard ce qu'ils ont semé. Papa, Maman sache que tes pensées sont le moteur de toutes tes actions et, saisis la nécessité de veiller à leur mieux-être, tout comme nous veillons au bien-être physique en menant une vie saine. Comment y veille-t-on me demanderas tu? La réponse se trouve dans un ouvrage en préparation.

Toujours au sujet de nos pensées, la Bible nous rappelle que le physique peut se détruire tandis que notre esprit peut être renouvelé au quotidien (2 corinthiens 4 : 16). Alors, plutôt que d'accorder la priorité à notre homme extérieur, travaillons beaucoup au mieux-être de nos pensées afin de semer en nos enfants ce que nous voulons récolter demain.

Prêter attention à notre caractère

Chacun de nous possède un héritage psychologique, comportemental, relationnel et même affectif particulier. Celui-ci est le produit de l'environnement et du milieu dans lequel on a évolué depuis le plus jeune âge. Cet héritage est le produit d'une éducation que nous avons reçue ou des expériences que nous avons vécues. Il n'est pas toujours à notre avantage et peut parfois constituer un sérieux handicap; surtout si l'on ne s'est jamais remis en question pensant que les parents ont toujours raison. Éphésiens 6 : 4 nous rappelle que les parents peuvent avoir un comportement abusif. Il nous revient, dès lors, de savoir reconnaître nos limites, demander l'assistance du Saint-Esprit et de nous améliorer pour le bonheur de tous.

La puissance de nos paroles

La Bible dit dans Proverbes 18 : 20 - 21 que « C'est du fruit de sa bouche que l'homme rassasie son corps, c'est du produit de ses lèvres qu'il se rassasie. La mort et la vie sont au pouvoir de la langue; quiconque l'aime en mangera les fruits ».

Notre langage est ce que je peux qualifier de thermomètre de notre cœur. Il traduit le fond de notre pensée et détermine notre position spirituelle. Sache, cher parent, que tes paroles peuvent construire tout comme elles peuvent détruire ta vie, ou même celles de tes enfants. Que dis-tu de tes enfants la plupart du temps ? Ce que tu confesses à leur propos est un indicateur de ce qu'ils seront dans le futur.

Si l'on passe son temps à dire de son enfant qu'il est un vaurien, qu'espérons-nous de ce dernier détruit psychologiquement par de tels propos ou de son avenir?

Cette violence psychologique associée aux forces spirituelles négatives diligentées par le diable, se réjouiront d'achever la part de travail que nous aurons commencé. C'est la raison pour laquelle le Seigneur nous exhorte à examiner toute parole avant de la sortir de notre bouche.

La plupart du temps, dis des paroles valorisantes à ta progéniture. Quand ton enfant a mal agi, reprends-le en lui montrant le caractère inadéquat ou mauvais de l'acte qu'il ou elle a posé, sans l'assimiler à la chose.

Cherche toujours à comprendre ce qui motive son action et adopte la réponse à la mesure de l'action.

La qualité de nos fréquentations

« ...les mauvaises compagnies, corrompent les bonnes mœurs... » (1 corinthiens 15 : 33).

Si nous n'avons pas choisi notre famille de naissance ou celle dans laquelle nous avons grandi, nos enfants, nos collègues de bureau encore moins nos camarades de classe, nous pouvons choisir nos amis, nos relations et même notre futur conjoint. Une relation a ceci de particulier qu'elle peut nous construire, nous enrichir, tout comme elle peut nous détruire et toute notre famille avec. Un(e) amie est une personne qui rentre dans notre intimité, jouis d'une grande confiance et de ce fait, nous influence que nous en soyons conscient(e) ou pas. Bien sûr, il peut arriver que nous nous trompions sur les personnes. Mais grâce à Dieu, si nous voulons nous en séparer, Il nous y aidera.

Leur apprendre à s'ouvrir aux autres

Le monde est devenu plus que jamais, un petit village du fait des nouvelles technologies de l'information et de la communication. Rien ne peut se faire dans une partie du monde sans que l'on en entende parler à la minute près à l'autre bout de la terre. Cependant, malgré la chute des distances spatiales sur le plan technologique, beaucoup de barrières demeurent élevées entre les hommes. Racisme, discriminations, guerres et xénophobies continuent encore aujourd'hui de sévir, malgré le passé dramatique de tous ces maux sur la vie des hommes.

En tant que parent d'influence, veilles à élever ton enfant en lui inculquant des valeurs de justice et de respect. Travailles toi-même à traiter tous les êtres humains avec équité, tu seras un excellent modèle pour lui (elle). Car Dieu, dans sa richesse, a créé les hommes et leur a donné la couleur de peau qu'il a voulue. Il en a fait de même avec les poissons auxquels Il a donné des couleurs et des tailles différentes. Un japonais de grande taille dira-t-il d'un autre moins grand, qu'il est n'en est pas un? De même, j'encourage tout parent à traiter avec considération tout être humain qui se présente devant lui, quel que soit son origine; Ses enfants en prendront de la graine.

Je viens d'achever avec le premier volet dans lequel j'aborde le coté responsabilité du parent pour influencer positivement la vie de son enfant. Le second volet que je m'en vais aborder ci-dessous, traitera de comment responsabiliser son enfant et comment lui apprendre à décider pour sa vie.

Quelques semaines avant que j'achève la rédaction de ce livre, le Seigneur m'a interpellé sur le fait que de nombreux parents de notre génération, travaillons de moins en moins à responsabiliser nos enfants. Il était sept heures et demi du matin. Mes enfants venaient à peine de terminer leur petit-déjeuner. J'étais debout devant l'évier de la cuisine, pensive. Lorsque l'aîné vint me demander s'il pouvait déjà regarder un dessin animé. D'abord, j'étais contrariée par le fait qu'à cette heure du matin, il pense aux dessins animés. De plus, il avait laissé sa vaisselle sale sur la table, et aucun d'eux ne pensait à nettoyer ou me proposer de le faire avec moi. Ce matin-là, Dieu m'a appris ceci : « montrer la voie à un enfant » ne se limite pas qu'à prier pour lui ou à être un modèle pour lui. **Il est de mon devoir de le responsabiliser en lui apprenant : à travailler et à rendre service, à canaliser ses fréquentations, à cultiver sa**

relation avec Dieu et enfin, à savoir mettre de côté pour demain. C'est ce deuxième volet que je m'en vais développer ci-dessous.

Le responsabiliser en lui apprenant à travailler

Instruire un enfant dans le chemin qu'il doit suivre comme le Seigneur nous le recommande en Proverbes 22 : 6, consiste aussi à lui apprendre à faire ce qui est correct et juste, lui apprendre à travailler de ses mains. Je prends l'exemple de la vaisselle. On a beau avoir tous les appareils électroménagers, il est important d'apprendre à son enfant à faire la vaisselle. Dès l'âge de cinq (5) ans, fais-la avec lui ou elle, notamment en fin de semaine quand tu as du temps libre.

Après, cette révélation dont je parle un paragraphe plus haut, j'ai aussitôt entrepris de faire la vaisselle avec mes enfants. Ils ont commencé par essuyer les ustensiles lavés. Les jours après, je leur ai appris à rincer et nous en sommes aujourd'hui au lavage. Tu peux le faire avec la lessive, pour le rangement de ses affaires et dans bien de domaines encore. C'est certainement laborieux et nécessite de la patience et beaucoup de douceur. Malheureusement, c'est le prix à payer pour le responsabiliser.

Leur montrer la voie, c'est aussi leur apprendre que l'on vit pour un but : Que l'on ne peut passer tout le temps à s'amuser et croire que l'on va réussir parce que c'est un souhait.

Qu'il est nécessaire d'apprendre des choses importantes. Car plus tard, ce qu'ils auront appris les aidera dans la vie à faire face aux défis auxquels ils seront confrontés. De temps à autre, trouve les mots pour leur expliquer la réalité de la vie (je parle d'un enfant de moins de 12 ans). Pour les adolescents, discute de certains sujets d'actualité avec ton enfant, tout en essayant de contextualiser autant que possible et en tenant compte de la sensibilité du sujet évoqué.

Depuis quelques années, mon mari et moi avons pris l'habitude d'expliquer à nos enfants, les raisons pour lesquelles nous les envoyons à l'école et le bien-fondé des études parce que nous avions maille à partir avec notre aîné. Il trainait les pieds à faire ses devoirs, il étudiait pour nous faire plaisir. Bref, c'était une véritable corvée pour lui. Il est vrai que les choses évoluent moins vite que nous le souhaitons. Mais, grâce à ces échanges, il a aujourd'hui un autre regard sur l'école.

Depuis que je vis au Canada, il y a une manière de faire dans l'apprentissage de l'enfant à se responsabiliser que j'apprécie particulièrement : c'est celle qui consiste à apprendre à un enfant à gagner son argent pendant ses vacances scolaires. Il est fréquent de voir des enfants à partir de 12 ans, travailler dans des commerces ou faire de petits travaux pour lesquels, on les rémunèrera. J'ai réalisé que de nombreux enfants apprennent ainsi à valoriser l'argent et à le gérer.

Canaliser ses fréquentations et les émissions qu'il peut regarder à la Tv

Le point précédant n'exclut pas celui-ci. Dès l'âge des fréquentations, c'est-à-dire une fois qu'ils commencent à aller à l'école, nos enfants sont amenés à se socialiser. Nous ne pouvons rien y faire parce que cela est inhérent à la nature humaine. L'homme est un animal social comme le disait Aristote en son temps. Tes enfants tisseront des relations en dehors du cocon familial, que tu le veuilles ou pas. Tu dois, pour cela, toi aussi, être prêt(e) à orienter ses choix.

J'ai aimé le témoignage du Révérend Christian Saboukoulou, pasteur de l'église ICC Bruxelles qui, rendant hommage à sa mère, racontait comment elle avait réussi à canaliser leurs fréquentations alors qu'ils étaient adolescents. Sa maman, disait-il, s'était arrangée avec le responsable de la section jeunesse de l'assemblée qu'elle fréquentait, pour qu'il invite et intègre ses fils aux activités de la section sans qu'ils ne le ressentent comme une contrainte. Au bout d'un certain temps, ils se sont faits des amis à l'église parmi les jeunes de leur tranche d'âge. Des jeunes qui cultivaient de bonnes valeurs, aimaient Dieu, étaient intègres et ne menaient pas une vie dissolue. C'est ainsi qu'ils ont connu une adolescence sans dérapage et loin des folies qui perdent de nombreux autres jeunes en cette période critique pour les adolescents.

Tu peux aussi canaliser les fréquentations de tes enfants en priant pour eux et, en faisant part au Seigneur de ce que tu veux qu'ils aient des amis de bonne moralité, respectueux et pieux. Tu verras Dieu y répondre sans que cela tire en longueur. J'en ai fait l'expérience avec mes deux fils. Mes garçons fréquentaient un autre qui avait pris l'habitude de les diviser en jouant sur leurs sentiments. Comme mon ainé portait fort cet ami en affection, ce dernier le poussait très souvent à choisir entre lui et son frère cadet. Au fur et à mesure que les jours passaient, je constatais que mon fils était triste et n'avait plus cette envie de retrouver au jeu leur ami. Ce qu'il ignorait c'est le fait que leur papa et moi prions continuellement que le Seigneur leur permette de rencontrer de vrais amis.

Nous priions aussi que le Seigneur les sépare tout simplement de ceux qui ne leur convenaient pas. Et c'est ce qui arriva. Un jour, leur ami leur fit le chantage de trop. Mes garçons se révoltèrent, et décidèrent dès ce jour qu'il cessait d'être leur ami. De temps à autre, ils se parlaient mais, leur amitié ne redevint plus jamais ce qu'elle avait été. Il en fut ainsi jusqu'à ce que nous déménagions pour une autre ville.

Autant lorsqu'ils sont encore petits que lorsqu'ils sont déjà plus grands, tu peux soumettre toutes les requêtes à leur sujet à Dieu le Père au nom du Seigneur Jésus-Christ. C'est Lui qui répond à tes prières. Il connait toutes choses mieux que toi et sait ce qui est parfait pour ton enfant. Comme je le dis souvent: n'imposons pas notre volonté à Dieu. C'est

Sa volonté à Lui que nous devons lui demander de manifester sur la terre. Car, elle est déjà arrêtée au ciel et Ses desseins pour nous et nos enfants, sont de loin meilleurs que ceux que nous ne pourrons jamais avoir.

Que retenir en fin de compte ?

Cher(s) parent(s), notre pouvoir d'influence sur nos enfants est grand et nous devons en prendre conscience. Les premières années de la vie d'un enfant sont déterminantes pour la construction de sa personnalité, et c'est en ce moment que notre rôle est capital. C'est donc à juste titre que le Seigneur nous demande de montrer à l'enfant le chemin qu'il doit suivre. En sorte que, une fois rendu à l'âge adulte, les valeurs et principes qui lui ont été communiqués les premières années de sa vie, soient les fondements et repères qui orientent sa vie (Proverbes 22 : 6). Les années d'adolescence suivent où nous sommes amenés à confronter d'autres défis. Mais chaque chose en son temps.

Nos enfants sont une bénédiction divine et cette bénédiction comme tout autre, comporte des responsabilités. Le verset 15 de Genèse 2 dit: «

L'Éternel Dieu prit l'homme, et le plaça dans le jardin d'Éden pour le cultiver et pour le garder ». Pour chacun de nous, nos enfants sont comme ce jardin d'Eden dont nous avons la responsabilité d'éduquer, d'accompagner et de donner les clés de la vie qui les émanciperont et les affranchiront de toute forme d'esclavage.

Nous devons, pour réussir cette mission, nous appuyer et nous confier en l'admirable conseiller qu'est le Saint-Esprit (L'Esprit de Dieu). Il nous aidera en temps de défis à trouver des solutions pour la paix et la santé de nos enfants. De plus, du fait de la confiance mise en Jésus-Christ, Dieu saura rattraper leurs dérapages parce que nous les lui avons confiés et leur avons montré par les enseignements et notre vécu au quotidien, la voie qui mène à Christ.

Vérité 4

Ma mission de parent n'est pas de faire de mon enfant ce que j'ambitionne qu'il devienne, mais de faire de lui, ce que Dieu a prévu qu'il devienne.

Je perçois déjà les questionnements de plusieurs à la lecture du titre de ce quatrième point. Comment dissocier l'ambition que j'ai pour mon enfant, du projet de Dieu pour sa vie? Ou comment savoir que ce que je le pousse à faire, participe du dessein du Seigneur pour sa vie ?

Pour développer ce chapitre, cela m'a pris beaucoup de temps de réflexion. Je n'ai pas voulu donner une réponse uniquement spirituelle en ne me fondant que sur les écritures sans tenir compte des expériences et de nos réalités quotidiennes. Et les réponses que chacun trouvera ici, reposent à la fois sur la parole et sur le vécu quotidien.

Comme tout parent, tu rêves certainement de ce que deviendra ton enfant à l'âge adulte. Il n'y a aucun mal à cela, sois-en rassuré. Personne ne veut voir son enfant souffrir ou connaitre les mêmes travers que soi. Rêver beau et grand est quelque chose de merveilleux et c'est un droit. Le fait de s'évader en esprit participe de notre bien-être psychologique. Une fois qu'un être humain arrête de rêver, la mort n'est plus loin.

De manière générale, la matérialisation d'un projet est souvent précédée d'un rêve. Alors, avoir des projets pour sa progéniture n'est que normal et je dirai même, responsable. Cependant, la parole de Dieu déclare dans Proverbes 19 : 21 « l'homme forme de nombreux projets, mais c'est le dessein de l'Éternel qui s'accomplit ». À première vue, on aurait tendance à penser que Dieu est contre le fait que nous ayons des projets. Mais une lecture minutieuse de ce passage, nous permet de réaliser que ce n'est pas le cas. Je m'explique : là où nous Humains, avons des projets à foison. Dieu quant à Lui, a un dessein; Il poursuit un but. Alors que très souvent, nous poursuivons d'abord le bien-être personnel et les honneurs, Dieu, Lui, vise un objectif. À l'intérieur de ce dernier, se trouvent bien-être, paix et accomplissement de la personne qui saisira sa volonté.

Il arrive donc très souvent qu'un parent veuille s'accomplir à travers sa progéniture. Il voit son enfant comme un futur ingénieur, médecin ou avocat. Et de ce fait, lui fait faire des études en rapport avec le rêve qu'il nourrit pour lui. Or Dieu a déposé un autre rêve dans le cœur du même enfant afin que la réalisation de ce rêve, soit une solution pour ses contemporains et parfois même, après lui sur la terre. Ce qui fait qu'on en arrive souvent à des rapports conflictuels entre le rêve de l'enfant et celui des parents pour lui. Et cette confrontation débouche parfois sur des situations pénibles dans les familles, causant bien de frustrations et de blessures.

J'aborde ce point parce que j'ai été témoin de ce genre de déchirement dans ma famille à travers mes frères et sœurs. Une de mes nièces après ses études chez HEC Paris, a tout plaqué pour faire du théâtre parce que c'est ce qui avait toujours été son rêve. Une décision inacceptable pour son père, furieux d'avoir investi autant d'argent pour sa formation pour, au final, ce choix qu'il jugeait stupide… J'avais donc décidé d'en discuter avec ma nièce pour comprendre ses motivations. Elle m'a expliqué que tout ce qu'elle avait fait jusqu'ici, c'était par obéissance à son père afin de ne pas le décevoir. Elle estimait que le temps était venu pour elle de prendre sa voie et de suivre son cœur. Plusieurs années après, elle est toujours dans sa voie, elle aime ce qu'elle fait et y persévère. Je connais bien d'autres exemples semblables et ces jeunes aujourd'hui sont heureux et épanouis dans ce qu'ils font. Ils accompagnent aussi d'autres.

Est-ce à dire qu'un parent n'a rien à dire dans les choix de son enfant et de son avenir ?

Cela n'est même pas possible parce que c'est le parent qui prend les décisions dans les premières années de vie de sa progéniture. Ce que je conseille en revanche, c'est d'observer ton enfant durant le cursus scolaire, notamment au primaire. Au cours de cette période, si tu es quelque peu attentif, tu identifieras certains des dons et habiletés que l'enfant manifeste, et tu pourras en discuter avec lui, et lui faire des suggestions. Il y a un passage biblique qui résume assez intelligemment ce propos et même va au-delà, il est dans le proverbe 20 au verset 11 : « *L'enfant laisse déjà voir par ses actions si sa conduite sera pure et droite* ». Tu réalises à travers ce passage biblique qu'on peut déjà discerner assez tôt le caractère et les voies qu'un enfant pourrait emprunter plus tard.

Témoignage personnel

C'est ce que mon époux et moi avons identifié avec notre fils ainé. Nous avons constaté dès l'âge de trois (3) ans qu'il aimait les instruments de musique, notamment la batterie. Il avait une aisance à utiliser les baguettes et un sens du rythme assez surprenant pour un garçon de son âge. De plus il avait une grande passion pour les trains, les voitures, les avions; bref tout ce qui touche à la mécanique. Et enfin en sport, il présentait un grand potentiel en soccer (football) et en karaté. Il impressionnait par ses aptitudes, la plupart des entraineurs et d'encadreurs qui le suivaient dans ces domaines respectifs. Jusqu'à ce jour, il y a conservé une grande marge de progression. Nous avons déduit que c'est dans l'un de ces domaines qu'il est appelé à s'accomplir et éventuellement à servir Dieu.

À la suite de ce constat, nous avons choisi de discuter avec lui sur les différentes opportunités en rapport avec ces domaines, les études qu'ils devraient poursuivre et les efforts qu'il devra fournir pour faire le métier de ses rêves. Nous faisons cependant l'effort de rester le plus neutre possible afin qu'il se sente libre dans son choix. Nous lui parlons très souvent aussi des taux d'échecs pour qu'il réalise combien grand est le prix à payer, et ce que cela exigera comme sacrifices de s'investir dans ces disciplines qui lui tiennent à cœur.

Au-delà de tout...

La parole de Dieu déclare : « *si l'Éternel ne bâtit la maison, ceux qui la bâtissent travaillent en vain* » (Psaumes 127 : 1). La vie de ton enfant est tellement précieuse qu'il est préférable que ce soit Dieu qui la bâtisse, que ce soit sur Lui que tu t'appuies pour accompagner ton enfant. Car il faut savoir qu'il est des choses que nous pouvons percevoir, et même parfois anticiper, mais notre connaissance n'est que limitée et partielle. Si déjà nous, parents, n'avons pas de prise sur notre futur proche et même lointain, qu'en est-il de notre enfant?

Si tu veux donc voir ton enfant réussir, recommande son sort à Dieu et fais lui confiance (Psaume 37 : 5).

Tu verras toi-même comment Il te guidera en t'aidant à prendre des décisions sensées et judicieuses pour ta progéniture et comment, à chaque étape de la vie, il interviendra même là où tu semblais être sans soutien ni secours. Prends juste le cas d'un enfant malade et gardé en hospitalisation. Face à des médecins démunis et sans solution face au mal dont il souffre, que font les gens dans de pareilles circonstances en général? Pour ceux qui ont une relation avec Dieu, Ils tournent leurs regards vers le Père, confiants et espérant qu'il interviendra. Il y en a même qui, même s'ils n'ont jamais cru en l'existence d'une divinité, commencent à demander un miracle. Mais la vérité est que notre vie a du prix aux yeux de notre Seigneur pour qu'Il la laisse dépendre du hasard ou du bon plaisir du malin. Ce dernier n'ayant pour seul(e) but et ambition que de voler, de détruire ou de tuer (Jean 10 : 10).

N'attends pas que les difficultés surgissent, cultives son champ

Le Révérend Roland Dalo dans une prédication, parlait d'une leçon que son mentor, (le révérend Vernaud) lui avait apprise. Il déclara ceci : « si tu n'apprends pas à prier pour tes enfants afin de leur épargner certaines déconvenues dans la vie, tu prieras pour eux pour qu'ils acceptent de faire face aux conséquences de leurs mauvais choix et décisions ». Une autre façon de dire : prévenir vaut mieux que guérir.

Il ne faut pas attendre que ton enfant se trouve devant des défis importants pour apprendre à intercéder en sa faveur auprès de Dieu. La destinée de notre enfant exige de la proactivité. Savoir devancer les problèmes et les résoudre avant qu'ils se posent. La prière se trouve être le rempart et l'arme efficace qui nous permet d'écarter certains problèmes de leur vie, de réduire l'impact de certaines difficultés, et d'en éradiquer totalement d'autres que Satan voudrait susciter contre eux, dans le futur.

Parce que tu pries pour ton enfant, Dieu peut te révéler un projet caché ou déjouer un mauvais plan qui était programmé contre lui. Il me souvient qu'en 2021 au cours du mois de juillet, nous passions par une succession de problèmes. Une succession de choses difficiles et bizarres. J'avais remarqué que chaque semaine, nous avions un nouveau problème qui se pointait. Ils avaient toujours rapport avec la santé. Ce jour-là donc, mon fils aîné a commencé à perdre connaissance sans raison...Heureusement, que mon mari était avec lui. Je l'ai juste entendu me demander avec insistance de monter au premier étage parce que j'étais au rez-de-chaussée avec les autres enfants. À mon arrivée, j'ai trouvé mon garçon qui avait les yeux presque retournés dans leur orbite, le corps était relâché, son papa se battait pendant ce temps pour qu'il ne se morde pas la langue. J'ai tout de suite compris qu'on était au-delà d'un simple malaise. C'était une attaque spirituelle qu'il fallait arrêter rapidement pour ne pas laisser le pire survenir. J'ai donc directement déclaré, consciente de ma position en Jésus-Christ, de mon autorité et de mon autorité de parent : « *C'est Jésus-Christ qui est Seigneur de ce corps, je brandis le sang de Jésus-Christ contre cette agression et ordonne dans le nom de Christ, Jésus de lâcher immédiatement cet enfant. Esprit de mort ou quel que soit ton nom, tu dégages immédiatement de son corps et ne reviens plus jamais...* ». J'ai demandé au Saint-Esprit de prendre le contrôle de son corps. J'ai demandé à mon fils de dire le nom de Jésus-Christ pendant que mon mari et moi le prononcions de même. Cinq (5) à dix (10) minutes plus tard, il était complètement revenu à lui. En bonne santé, mais bien choqué. Jusqu'à ce jour, je reste convaincue que sans l'intercession permanente que nous faisons pour eux auprès du Seigneur, l'aspect spirituel nous aurait échappé; nous n'aurions pensé qu'à l'hôpital et aurions peut-être perdu notre enfant. Je le dis parce que nous l'avons conduit au centre de santé ce jour-là, malgré tous les examens effectués, aucune pathologie n'a été décelée; aucune explication n'a pu être donnée pour expliquer ce malaise.

La motivation oui mais, l'organisation et la persévérance, c'est mieux

Prépare un planning de causerie avec Dieu. Choisis un jour dans la semaine, fixe une heure que tu devras respecter afin de présenter ton trésor à Dieu dans la prière. Pendant ce temps de prière, rends grâce (remercie) au Seigneur pour la vie de ton enfant. Fais-lui part des défis que tu rencontres avec ta progéniture. De plus, recommande tous les domaines de sa vie à Dieu et les aspirations que tu as pour lui. Garde cependant en pensée que selon son bon vouloir, Dieu ouvrira certaines portes et en fermera d'autres sans qu'Il ait nécessairement besoin de t'en donner les raisons. Il fera tout cela pour le bonheur de ton enfant car lui, Dieu, n'est point tenté par le mal et a toujours pour toutes ses créatures qui se confient à Lui, des projets de paix et non de malheur.

Que retenir en fin de compte ?

Pour clore ce chapitre, je veux juste te dire que la prière n'est pas une option, c'est une nécessité. Chaque jour que Dieu te permet de voir et de respirer, confie-le-lui. Dès le matin remets-lui ta vie et celle de tous les membres de ta famille. Ne le fais pas une fois en passant, fais-en une culture et qu'il en soit ainsi tous les jours de ta vie. Ce ne sera pas toujours facile cependant, impose-toi cette routine et surtout, demande au Saint-Esprit son aide. La Bible déclare que nous ne savons pas nous-même ce qu'il nous convient de demander dans la prière...mais l'Esprit de Dieu qui est en nous Car, je peux t'assurer que si tu ne définis pas les raisons qui te poussent à t'investir dans une vie de prière constante, au bout d'une semaine malgré la motivation, tu finiras par abandonner.

Or si tu définis bien les raisons de cet engagement et que tu y persévères, je te garantis qu'avec le temps, tu te rendras compte que c'était le meilleur investissement. Les résultats se feront voir dans ta vie, celle de tes enfants et même dans la vie des membres de ta famille pour qui tu pries habituellement.

Vérité 5

Ton enfant est avant tout un esprit ayant une âme et vivant dans un corps.

Tout humain au-delà d'être cette enveloppe physique avec laquelle nous évoluons tous au quotidien, et qui pour beaucoup, semble vraiment nous caractériser, est avant tout un être dont la matérialité transcende le physique. Il est ce qu'on appelle un être tridimensionnel. Tridimensionnel parce que réunissant trois composantes : l'esprit, l'âme et le corps (1 Thessaloniciens 5 : 23).

L'esprit est notre être véritable. En lui, on retrouve les rêves, la vision et les aspirations qui nous animent et l'essence même de ce qui fait de nous un être humain. Notre corps physique à travers les yeux, les oreilles et la bouche (les cinq (5) sens), est quant à lui, cette composante palpable et visible qui nous permet de communiquer avec notre environnement. Ils sont la partie visible de notre personne qu'on appelle le corps. En d'autres termes, le physique ou notre partie charnelle, autant chez l'adulte que chez l'enfant, est ce point de contact avec le monde extérieur et son environnement. Tandis que l'âme est cette interface qui se situe entre le physique et l'esprit; une sorte de zone tampon. Elle est le siège des sentiments et des émotions. L'âme joue un rôle capital dans l'orientation que peut prendre une vie.

Le point sur lequel je veux insister dans ce chapitre, est celui de la prise de conscience de ce qu'un enfant ne se limite pas qu'à son physique, car il est bien plus que cela. Cher parent, intègre surtout le fait que ton enfant est avant tout un être spirituel qui est doté d'une âme, qui habite dans un corps.

J'ai constaté que dans la plupart des sociétés occidentales (autant en Europe qu'en Amérique du nord), et dans le monde contemporain en général, un focus est particulièrement mis sur l'âme et le corps lorsque l'enfant est encore plus jeune. Le corps, pour ses besoins physiques et secundo l'âme, avec les sentiments et les émotions. J'ai aussi constaté qu'en fonction de leur origine culturelle, les parents manifestent un intérêt plus ou moins grand pour les aspects spirituels et intérieurs de la vie de leur enfant. Comme si ces aspects relevaient plus de la psychiatrie. Or tout parent spirituellement avisé (dans le bon comme dans le mauvais sens), accordera, au-delà des deux (2) premiers aspects évoqués, une grande importance à la dimension « Esprit » ou à la vie spirituelle de son enfant de moins de douze (12) ans. Car, particulièrement conscient de ce que, c'est le spirituel qui influence le naturel.

Dans mes lectures, je me suis rendue compte que dans de nombreuses cultures à travers le monde, c'est entre l'âge de douze ans et vingt (20) ans que se faisaient les rites pour passer de l'enfance à la maturité. En fait, au-delà des apprentissages, de l'initiation aux préceptes de la vie, les étapes ont d'abord une portée spirituelle. Je veux prendre l'exemple de la Bar Miztvah chez les juifs, et le Morane chez les Masai. Ces rites ne constituent pas qu'un fait culturel, il s'agit avant tout de conscientiser et d'imprégner la jeune personne de la réalité du spirituel; De sa préséance sur le naturel.

Comme je l'ai indiqué plus haut, l'âme est le siège des sentiments et des émotions. Un être humain, c'est d'abord et avant tout son cœur. Son enveloppe extérieure, quoique visiblement imposante, reste une entité assez négligeable en comparaison des deux (2) autres dimensions. Car, ces dernières sont les seules à donner vie, expression et direction au corps. L'esprit oriente l'individu, et ce dernier règle ses actions en fonction de son vécu et de ses expériences antérieures. Le corps, quant à lui, ne fera que suivre les injonctions des deux (2) premiers.

Ce que j'essaie de dire à tout parent ici, c'est de toujours se rappeler ce point important. Se focaliser uniquement sur l'extérieur peut faire oublier que notre enfant est un être encore en construction. En vérité, tout enfant est avant tout une entité spirituelle qui vit dans un corps. Il te revient donc d'agir en tenant compte de ce que sa vie intérieure influera sur ses décisions, son comportement, ses relations et même sa confiance en lui.

C'est la raison pour laquelle nous devons éviter de dire ou faire n'importe quoi à, et avec notre enfant sous le simple prétexte qu'il est encore jeune. Nos paroles et actes envers et devant eux sont comme des marqueurs indélébiles. As-tu déjà réfléchi sur la qualité de ce qui sort de ta bouche, le pouvoir de tes paroles, de tes actes, de tes gestes ? Les matériaux avec lesquels tu construis ton enfant doivent être d'excellente qualité. Une personne adulte est semblable à un bâtiment achevé. Il est difficile de refaire tout l'édifice d'une maison achevée. On peut en revoir quelques aspects, mais il est souvent très difficile de refaire l'édifice jusqu'aux fondations.

Nous pouvons être en colère ou très irrité après notre enfant. Mais nous ne devons jamais oublier qu'il y a des paroles qui ne doivent jamais sortir de nos bouches. Des paroles telles : « tu es un bon à rien; tu ne réussiras jamais ou je regrette de t'avoir mis au monde etc. » sont des paroles lourdes qui anéantissent psychologiquement une personne. Elles sont humiliantes et brisent l'estime de soi. Imagine-toi à la place de cet enfant, subissant de telles paroles. Il en est de même des violences physiques qu'il faut absolument éviter. Il est important de toujours se fixer des limites pour ne pas en arriver à l'irréparable :

C'est la raison pour laquelle Dieu déclare que la colère des hommes, n'accomplit pas justice de Dieu » Jacques 1 : 20. J'ai donné un témoignage personnel dans mon livre « Refuse d'exister, choisis de réussir ta vie ». J'y parle d'un accès de colère auquel je me suis laissée aller et qui m'a poussé à une réaction très violente envers mon mari. C'est à la suite à cet épisode que j'ai appris la maitrise de soi, qui est aussi un fruit résultant de la communion avec Dieu.

Tu dois te fixer des limites et t'y tenir. Quelle que soit l'attitude irrespectueuse de l'enfant du voisin à ton endroit, le traiterais-tu avec brutalité? Cela m'étonnerait ! Alors, la même attitude de maitrise de soi que nous avons face au comportement peu amène de l'enfant d'autrui envers nous, m'a appris que je peux très bien faire preuve d'autant de retenue envers le mien. Il nous revient d'en décider et de travailler sur notre caractère. À ce propos, le Seigneur assure « qu'à nos résolutions, répondra le succès » (Job 22 : 28). C'est simplement une question de volonté.

C'est une spécificité du genre humain. En effet, Dieu nous a dotés d'un esprit et d'une âme. Par l'esprit qui habite en nous, nous avons la capacité de nous projeter dans l'avenir, et d'entrevoir les conséquences de nos actes, qu'ils soient positifs ou négatifs. Ce que ne peut faire un animal par exemple. C'est également l'une des raisons pour lesquelles, Dieu nous tient pour responsables de nos actions, bonnes ou mauvaises.

Fixer des limites à nos actions. Les lois qui illustrent parfaitement ce propos sont les dix (10) commandements. Ils expriment chacun, une injonction : « tu ne feras pas ». En d'autres termes, tu es libre d'aller jusqu'à tel niveau, mais tu ne dois pas aller au-delà.

L'équilibre et le bonheur de ton enfant passent aussi par la prise en compte de ces vérités importantes.

fixer des limites à nos actions. Les lois [illegible] [illegible], parfaitement [illegible] [illegible] [illegible] (10 commandements) [illegible] ils [illegible] donnent [illegible] [illegible] [illegible] [illegible] [illegible] [illegible] [illegible] [illegible] [illegible] [illegible] [illegible].

[illegible] [illegible] [illegible] [illegible] [illegible] [illegible] [illegible] [illegible] [illegible] [illegible]

Vérité 6

La peur et l'anxiété dans la vie de ton enfant ne sont pas des détails

Il peut parfois nous arriver de penser que nous sommes parfaits comme parent, alors qu'en vérité, nous sommes loin de l'être. Pour le savoir, nous devons être attentifs à certains signaux qui peuvent semblés des détails mais, qui sont très souvent des indicateurs d'un mal qui pourrait s'avérer plus grave si l'on n'en prend pas conscience très tôt.

Je partage avec vous cette expérience vécue avec un de mes fils, qui m'a mis la puce à l'oreille et m'a permis de me rendre que je n'étais pas cette maman si cool que je pensais être.

Toute la famille était à table pour le dîner. Subitement, notre fils aîné nous dit qu'il a mal au thorax, après qu'il a avalé une bouchée de son repas. Il se met à tapoter sa poitrine comme pour faire descendre le repas. Sur le moment, je lui demande de mastiquer doucement car il engloutissait presque son repas, sans prendre le temps de le mâcher suffisamment.

Quelques heures plus tard, je fais part à mon mari de ce malaise qui revient fréquemment depuis quelques jours, et ce, chaque fois que nous sommes à table. Suite à ce rappel, mon cerveau se met à réfléchir à toute vitesse et à échafauder toutes sortes de théories. C'est en des moments comme celui-ci que le psaume 94 de David dans son verset 19 : *des pensées s'agitent en foule au-dedans de moi*, prend tout son sens pour moi. Car il arrive effectivement qu'un petit mot, une phrase, une image déclenche subitement un tumulte en nous et nous pousse à imaginer la catastrophe. Or, les causes de certains de nos problèmes ne sont toujours aussi éloignées que nous imaginons. Oui, c'était la troisième fois en trois (3) jours qu'il se plaignait de la sorte; Mais, ce n'était pas non plus la fin du monde !

Béni soit le Seigneur qui n'a pas voulu que je me perde dans ce dédale de pensées inutiles et m'a rappelé à l'ordre par cette phrase de mon mari: « chérie, nous réglerons cela en temps opportun et en plus tu vois, il n'a pas l'air plus gêné que cela ». Cette parole a eu suffisamment d'écho en moi pour me rappeler que tout est sanctifié par la parole de Dieu et par la prière (1 Timothée 4:5). J'ai donc suggéré à mon mari de prier contre ce mal lorsque nous ferons la prière commune avant le coucher. Une parenthèse: je fais partie de ces parents qui font attention au discours d'un enfant surtout si ce dernier n'a pas l'habitude de se plaindre. Je crois qu'on peut parfois laisser passer quelque chose d'important simplement parce qu'on a sous-estimé la parole d'un enfant.

Après la prière du soir avec les enfants, je suis allée m'installer au salon sur le divan, question de faire le point sur ma journée. C'est une routine quotidienne que je me suis imposée. En fait je prends généralement 1 heure entre 20h30 et 22h00, pour faire le point sur ma journée dans la présence du Seigneur.

Dans le calme ce soir-là, dans mon cœur à cœur avec le Seigneur, je lui dis que je ne comprends pas pourquoi Rafael à huit (8) ans peut avoir des douleurs au thorax qui surviennent comme de nulle part. Alors que je suis encore en train de lui poser cette question, j'ai des images des trois (3) derniers jours qui défilent dans ma tête. Et en quelques minutes, je me souviens qu'en fait, avant le passage à table pour le dîner, nous avons effectué des révisions de français et de mathématiques. Et il me revient à la mémoire que j'avais été à chaque fois, particulièrement dure avec lui. Au point qu'au terme de la séance, il pleurait.

En y réfléchissant, je réalise que la crispation et la peur suscitées par ma sévérité lorsque je révise ses cours avec lui, le stresse tellement qu'il a la sensation d'avoir une boule dans la poitrine. En fait, c'est une boule d'angoisse. Je suis hébétée par cette révélation. Alors que je suis rassérénée par cette explication, je sens une douleur sourde monter en moi. Je me demande, comment j'ai pu être aussi rude?

Je décide donc de parler le lendemain matin avec Rafael pour en avoir le cœur net, et m'engage à m'excuser auprès de lui pour mes paroles et mon attitude excessives.

Notre discussion vint confirmer ce que je soupçonnais. Mes paroles et mon attitude sont effectivement la principale cause du problème. Il a peur à chaque fois que je dois réviser ses cours avec lui. Il stresse et se mâchonne l'intérieur de la bouche jusqu'à se blesser. De cet épisode, j'ai tiré quelques enseignements et pris des résolutions qui peuvent aider plusieurs parents expérimentant la même situation. Je l'ai intitulé : révisions sans stress.

Révisions sans stress

Si tu as des enfants qui vont déjà à l'école, tu as certainement du te rendre compte que les suivre soi-même n'est pas toujours chose facile. Et le faire, nécessite l'acquisition de certaines habiletés et aptitudes. Mon expérience racontée dans les paragraphes précédents m'ont permis de dégager cinq (5) éléments pour que cela se passe sans stress pour l'enfant.

Troque ta casquette de parent contre celle d'un enseignant

Que voudrais-je dire par là : un enseignant considère que l'enfant qu'il a en face de lui, ne connait pas et découvre la leçon qui va lui être enseignée. Dès ce moment, il utilise différentes approches afin d'amener l'enfant à assimiler la matière. Ce qui n'est pas toujours le cas avec le parent, qui de manière générale, a plutôt le rôle de régulateur ou de censeur. Or la pire des choses serait de voir et de traiter ton enfant comme "un savant" car, tu le rendras moins sûr de lui et le stress aidant, à commettre des erreurs qu'il ne ferait pas en temps normal. Ce qui à la longue le rendra maladroit et insécure. Donc pour réviser sans stress avec ton enfant, rappelles-toi que ton enfant fait face à l'inconnu et qu'il attend que tu lui montres le chemin.

Considère ton enfant comme celui de quelqu'un d'autre

Lorsque tu es en colère contre l'enfant d'autrui, lui cries-tu dessus ? Lorsque tu lui expliques quelque chose qu'il a du mal à assimiler, lui portes-tu la main dessus ? Certainement non. Ce sont là les premières leçons que le Seigneur m'a données et qui s'avère salutaire aujourd'hui. Elles m'ont beaucoup servi en période de confinement. Ton enfant ne t'appartient pas en premier. Il ou elle est la propriété de Dieu et tu n'en es que le gérant. Considères-le donc et agis avec lui comme tu le ferais pour le fils du voisin. Tu verras que tu es moins irrité(e) et plus ouvert(e) tandis que l'enfant, lui se sentira moins agressé.

Sois alerté par la tonalité de ta voix

La tonalité de notre voix renseigne sur notre humeur et les enfants y sont sensibles. Nous nous devons donc d'être attentif à notre intonation vocale. Dès le moment où tu te rends compte que tu réponds aux autres par monosyllabe, de manière brusque ou que leurs questions t'agacent, comprends que la moutarde commence à monter. A partir de ce moment-là, il devient indispensable de prendre une pause. Un arrêt de 10 à 15 minutes permettra de faire relâcher la pression et de revenir avec plus de sérénité.

Choisis le bon moment

Il n'est pas judicieux de suivre un enfant ou de lui donner cours alors que tu es en train de travailler, de converser ou d'accomplir des tâches ménagères. Il n'aura pas toute ton attention et sera plus distrait qu'autre chose. Il aura tendance à penser que c'est une punition ou que tu veux tout simplement lui empêcher de jouer. Et le fait de lui demander à chaque fois de se concentrer, te poussera toi-même à t'irriter. Ce qui à terme risque de te mettre en colère.

Prends toujours une période de la journée que tu consacres uniquement au suivi de ton enfant. Tu seras moins dispersé et l'enfant se sentira plus rassuré de par cette marque d'attention. Il tentera de donner le meilleur de lui-même.

Fais de courtes pauses

En fonction de l'exigence de la matière, il est important de faire de courtes pauses. Cela est bénéfique pour le cerveau parce que cela chasse le stress et on a les idées plus claires.

Pour conclure, je veux t'exhorter à ne pas être un parent qui met la pression inutilement à son enfant. La Bible nous recommande de les instruire de manière équilibrée (juste) en veillant à ne pas les irriter (Éphésiens 6 : 4). Aucun de nous ne voudrait qu'on lui crie dessus parce qu'il ne comprend pas ce qu'il est censé faire ou, n'arrive pas à résoudre un problème mathématique. Nous aimons tous que l'on nous explique les choses avec patience et douceur. À moins bien sûr, de vouloir absolument rendre son enfant craintif ou rebelle.

C'est ce que m'a appris le Saint-Esprit à travers cet épisode de ma vie. Je prie qu'elle te serve et t'aide à être un meilleur parent, au nom de Jésus-Christ.

Vérité 7

Ton ado ne sera jamais toi à son âge. Aime-le tel qu'il est. Apprends à lui faire confiance. Dieu a un plan pour sa vie.

À ton âge, j'étais plus responsable, plus studieux et plus travailleur ». Voilà les paroles que l'on entend très souvent les parents dire à leur enfant. Ces paroles sont peut-être avérées, mais malheureusement pour toi, ton enfant n'est pas toi et toi, tu ne seras jamais lui ou elle parce que **chacun de nous est unique**.

L'adolescence est souvent perçue comme une phase critique par plusieurs parents. Certains ne savent pas comment appréhender ou gérer cette période de la vie de leur enfant. Au risque de me répéter, je vais le réécrire: **l'enfant est un esprit, qui a une âme et qui vit dans un corps.** Le jeune garçon ou la jeune fille que tu as devant toi a reçu de toi et de son environnement, un ensemble de clés. Il essaye de les assimiler. Et à travers ses expériences quotidiennes, il tente de trouver sa voie à en faisant usage.

L'un de tes principaux rôles à partir de cette étape de sa vie est de t'en faire un ami en l'acceptant tel qu'il est devenu et en apprenant à lui faire confiance. C'est vraiment une période de sa vie qu'il te faudra gérer avec sagesse et délicatesse, si tu veux t'assurer qu'il garde les pieds sur terre et ne se pervertisse pas avec de mauvaises compagnies. La Bible est suffisamment claire à ce sujet: « les mauvaises compagnies corrompent les bonnes mœurs » 1 corinthiens 15 : 33. Ta capacité à ne réagir vigoureusement que lorsque cela s'impose garantira sa confiance en toi. Ainsi, il saura faire la différence entre un parent qui trouve toujours à redire et un parent dont la parole vaut de l'or et qui ne brade pas ses valeurs.

Ton ado te cause des soucis ? Sois apaisé, tout n'est pas perdu

Il peut même arriver que ton ado se soit déjà embarqué dans la mauvaise voie, malgré tous les sacrifices consentis. Je m'adresse ici à toi qui te demandes comment ramener son enfant sur le bon chemin? Ce que tu peux encore faire alors que tu as tout tenté ? Je veux juste t'encourager à continuer de prier pour lui. Dieu ne dédaigne jamais ceux qui espèrent en Lui et s'attendent à Son intervention. Son timing n'est pas le nôtre mais une chose est certaine, Il interviendra. Dieu peut sauver qui Il veut, quand Il le veut. Just trust Him.

Je te raconte à la suite des lignes, le témoignage d'un homme dont le récit m'a fortement marqué et m'a convaincu de la puissance et de la souveraineté de Dieu. C'est une autobiographie que j'ai lue, il y a maintenant une dizaine d'années. Une histoire qui prouve que Dieu ne fait acception de personne.

Le témoignage de Nicky Cruz est relaté dans "la croix et le poignard". Un livre qu'il a écrit et dans lequel, il raconte comment il a reçu le salut et a été délivré de la drogue et du banditisme, à travers le ministère du pasteur David Wilkerson. Nicky Cruz explique que ses parents étaient adeptes de spiritisme et l'ont moralement harcelé quand il était petit. À l'âge de quinze (15) ans, ils l'envoient vivre chez son frère à New-York. Il s'enfuit rapidement de la maison et devient membre du gang de rue Mau-Mau. Quelques mois plus tard, Cruz est « élu » Seigneur de guerre du gang et devient rapidement leur chef.

Peu de temps après que Nicky Cruz est devenu chef de gang, David Wilkerson prêche dans le quartier et le rencontre. Le pasteur Wilkerson organise une réunion d'évangélisation avec l'intention d'annoncer l'évangile aux Mau-Maus. C'est au cours de cet événement que Nicky donne sa vie au Seigneur et avec lui, d'autres membres du gang.

Ensuite, lui et quelques-uns des membres du gang nouvellement convertis vont à la police et rendent leurs armes. Les jours suivants, Nicky Cruz commence à étudier la Bible et va au collège biblique. Il devient prédicateur et retourne dans son ancien quartier, où il prêche et amène de nombreux Mau-Maus à Christ, y compris le nouveau chef du gang, Israël Narvaez...

Je te raconte cette histoire pour que tu comprennes que rien, ni personne ne peut freiner l'action de Dieu. Ce témoignage et bien d'autres délivrances vécues au travers de personnes que j'ai côtoyées, m'ont donné trois (3) leçons. Mon souhait est que tu les saisisses pour ton bien et pour la vie de tes enfants.

- Le premier enseignement est le suivant : Dieu ne fait acception de personne (Actes 10 : 34).

Il ne juge, ni ne colle d'étiquettes à personne comme le font souvent les êtres humains. Quel que soit ce qu'on a fait, Dieu laisse suffisamment de temps à tous pour que, ceux qui vivent loin de Lui et qui n'ont pas accepté Jésus-Christ comme leur libérateur, puissent se tourner vers Lui.

Nous devons garder assez d'humilité, quelle que soit la réalité que nous vivons avec notre enfant, pour comprendre que tout n'est pas joué et que Dieu est capable de changer la donne si nous l'appelons au secours.

- Deuxième enseignement : Dieu peut transformer le pire brigand en une humble et honnête personne.

Cet adolescent (Nicky Cruz) était un dangereux brigand, qui ne connaissait que la violence. Pour la police, c'était un homme à abattre. Il ne méritait pas de vivre. Tandis que pour Dieu, c'était un puissant instrument pour ramener plusieurs délinquants sur le bon chemin.

Ton enfant peut donner l'impression qu'il est irrécupérable à tes yeux ou souffrir d'un mal qu'on dit incurable. Mais je peux t'assurer que Dieu change les cœurs et guéris même la pire des pathologies. Si les hommes ont le mot « impossible » dans leur dictionnaire, c'est tout simplement parce qu'ils sont des hommes et sont limités. Pour Celui qui crée tout, décide de tout, fait vivre ou mourir, il n'y a rien d'impossible.

- Troisième et dernier enseignement: Dieu sait réinsérer socialement et nous replacer dans le projet qu'il avait conçu pour nous bien avant la fondation du monde.

Dès qu'il a quitté le banditisme et le monde de la drogue, le Seigneur a tout de suite montré à Nicky Cruz, la voie qu'il avait tracée pour lui.

Pour conclure

J'achève ce point 7 en t'assurant que rien n'est impossible à dieu. Peu importe la direction prise par ton ado (addiction, drogue, décrochage scolaire, débauche sexuelle, mauvais comportements, violence...) Sache que Dieu peut et veut le ramener sur le bon chemin. Continue seulement à prier pour ton enfant, à lui témoigner de ton amour, et tu verras Dieu agir en son temps.

Autre chose. Alors que tu t'attends à Dieu, veille sur les paroles qui sortent de ta bouche. La bible déclare que la vie et la mort sont au pouvoir de la langue (Proverbes 18 :21). Qu'est-ce que cela signifie ? Dieu nous recommande de faire attention à notre façon de parler car, par nos paroles nous pouvons changer la vie d'une personne en bien, tout comme nous pouvons la détruire.

Protège donc tes enfants en adoptant un vocabulaire qui valorise, en disant des paroles de bénédiction ou des paroles encourageantes. Pour le reste, fais confiance à Dieu car, Il n'a pour tous ceux qui s'attendent à lui que des projets de paix et de bonheur.

Pour conclure

Vérité 8

Fais-toi un espace, Prends soin de toi si tu veux voir grandir tes enfants et en profiter.

La huitième vérité porte sur la santé mentale des parents et nos alliés et partenaires d'équilibre. Il s'agit de ces petites activités qui nous permettent de rester en bonne santé physique, psychique et morale.

Je sais à quel point notre fonction de parent peut nous absorber. Je suis moi-même parent de trois merveilles.

Notre rôle est si absorbant que la charge qui nous habite nous fait oublier que ce n'est qu'une étape de notre vie. Celle-ci doit être gérée, non pas avec un dos vouté ou le regard rivé sur le calendrier dans l'attente de l'année ou les enfants seront enfin autonomes pour que nous soyons heureux; mais avec sagesse et espérance afin de traverser cette phase de notre vie en bonne santé. Conscients de ce que responsabilité ne veut pas dire « souffrance ».

Depuis que je suis devenu mère, je me suis rendue compte qu'il y a un gros problème auquel sont confrontés nombre de parents, mais qui, malheureusement est très peu considéré. Il s'agit de leur santé mentale. Sujet délicat s'il en est, la question de la santé des parents est, la plupart du temps très peu abordée. L'une des raisons étant que jusqu'à présent les parents continuent à être vus de manière générale, comme des rocs, ou des personnes solides et peu fragiles.

Ta santé ne compte pas pour du beurre

J'ai commencé à m'intéresser à cet aspect de chose lorsqu'on m'a détecté une hypertension dont les crises m'avaient à deux (2) reprises, mises sous observation à l'hôpital. Les réflexions nées de cet épisode m'ont poussé à faire des recherches, et celles-ci m'ont permis de découvrir que :

- La charge parentale et les autres responsabilités quotidiennes sont souvent sources de stress. À cela sont venus s'ajouter le long confinement et ses corollaires (écoles fermées, télétravail ou chômage) découlant de la crise de la Covid 19. Ce qui a porté les problèmes de santé mentale en tête de la hiérarchie des fléaux de la société contemporaine (Publication 13 - FR - Mcgrath Kutcher - Family Mental Health.Pdf).

C'est justement suite à la crise de la Covid 19, que mon mari et moi avons décidé de faire l'école à domicile à nos enfants. La lourdeur de cette nouvelle tâche, ajoutée aux défis et responsabilités quotidiennes ont fini par entraîner un niveau de stress tel que l'hypertension s'est insidieusement infiltrée dans mon corps sans que je m'en rende compte. Bien que complètement guérie de cette pathologie aujourd'hui, j'ai gardé quelques leçons que je vais partager avec toi pour que tu demeures un parent en bonne santé quel que soit les temps et les circonstances que tu traverses.

Le stress, l'anxiété, la dépression et les troubles anxieux sont prédits comme les fléaux de la décennie 2020-2030. Mais, il est possible d'éviter ces maux, d'en venir à bout puis, et de mener une vie heureuse avec ta famille.

Ma routine Hebdo pour garder la forme

Pour m'en sortir et venir à bout de ces ennemis de ma santé, j'ai dû identifier mes partenaires d'équilibre, et ensuite, m'appuyer sur eux. Qui sont-ils? Il s'agit : des émissions de la chaine de télévision chrétienne EMCI TV, la lecture, le sport (la course ou la marche), le jeûne un jour chaque semaine et mon alimentation. Cinq (5) activités et un (1) élément qui me font énormément du bien.

Ce sont des activités que l'on peut mener seul(e). En ce qui me concerne, elles me permettent de me retrouver avec moi-même et à me connecter à Dieu. J'y trouve les ressources nécessaires pour demeurer en forme et assumer efficacement mes responsabilités.

Et toi qu'est-ce qui te relaxe ? Comment t'y prends-tu ? Je me demande si je n'aurais dû créer un lien pour avoir le feedback de vous tous qui me suivez. Tu peux faire le tien via ***notre chaine YouTube Parents En Mission****.*

Mon sport favori

Chaque samedi, j'enfile mes vêtements de sport, je chausse mes espadrilles (paire de baskets) et je sors pour une marche d'une (1) heure. C'est ma routine presque chaque samedi et parfois, certains jours de la semaine.

Ton corps en tirera un bénéfice fou

Certains spécialistes de santé par l'entremise du très réputé magazine « naitre et grandir » du Québec, conseillent aux parents ressentant une fatigue physique et mentale intense, accompagnée de stress de prendre des moments de détente et d'essayer d'avoir des attentes moins élevées (https://naitreetgrandir.com/fr/dossier/sante-mentale-en-20-questions/).

De plus j'ai découvert, il n'y a pas longtemps dans un article du Journal de Montréal, une liste de bienfaits de la marche sur notre état physique et psychologique. En voici quelques bénéfices que je reporte ci-dessous :

- **Pour le moral.** Les gens qui marchent beaucoup rapportent être de meilleure humeur et avoir plus d'énergie. Plus on fait des pas dans une journée, plus on est en forme. Une recherche dirigée par le psychologue Dominic Julien auprès de 436 personnes âgées (de 68 à 82 ans) a démontré que marcher pendant 30 minutes, 3 à 5 fois par semaine suffirait à améliorer son humeur.

- **Plus créatif.** Un autre aspect bénéfique de la marche: elle crée de l'imagination et des idées nouvelles. Quand on veut être inventif ou trouver une solution à un problème, c'est une bonne idée de faire une marche d'environ une heure. À contrario, si on doit exercer ce qu'on appelle la pensée convergente (donner une réponse qui ne requiert pas de créativité), on aurait intérêt à rester assis, à ne pas trop bouger.

- **On améliore sa vitesse de pensée.** Stephen Cunnane, professeur au Département de médecine de l'Université de Sherbrooke, s'est intéressé aux bienfaits de la marche chez des personnes souffrant d'un début d'Alzheimer. Il résulte de ses recherches que la marche améliorerait les capacités cognitives, en particulier, la vitesse de traitement de -l'information. Le cerveau s'active.

- **Plus productif.** La chercheuse Élise Labonté-Lemoyne a évalué les bienfaits d'un poste de travail équipé d'un tapis roulant (« bureau actif »). Dix-huit personnes devaient lire un long texte à l'écran pendant 40 minutes, tout en recevant des courriels. Certaines marchaient à une vitesse de 2,5 km sur le tapis roulant, -d'autres étaient assises. Celles qui utilisaient le tapis ont amélioré de 35 % la rétention des informations.

- **À deux.** Au Japon, les mères apprennent à leurs fils à aller au même rythme que la personne qu'ils accompagnent. Les japonais considèrent cela, comme une politesse de base. C'est vrai qu'il est plus agréable de marcher en compagnie de quelqu'un qui va au même rythme que soi. On est plus à l'aise. Marcher à deux, c'est aussi regarder ensemble dans la même direction et ne pas se laisser distraire par les gestes et les mimiques de la personne avec qui l'on se trouve: on se concentre mieux sur ses paroles.

- **Habiter son corps.** Marcher, c'est être obligé d'habiter son corps, ce qui nous renvoie à une certaine humilité. Quand on marche, on n'est que soi, rien de plus. On peut se sentir tout petit quand on se trouve dans la foule. On peut aussi partir à la recherche de grands espaces pour se donner le plaisir de voir loin. Voir l'immensité du ciel élargit notre conscience.

- **Marcher, c'est aussi** ralentir, c'est quitter les écrans pour plonger dans le réel. C'est faire appel à ses sens: les odeurs, les bruits, la beauté des lieux qui nous environnent. Christine Angelard, dans *Va vers toi-même*, nous rappelle que la maladie est un arrêt de la circulation du QI. Quand l'énergie est bloquée, elle ne circule plus correctement. Ce qui entraîne des symptômes. Pour se débloquer, on avance, on marche, quand on le peut, évidemment.

- **Réfléchir.** Lorsqu'on a un choix à faire, une décision à prendre, l'envie de laisser son esprit vagabonder, le plus simple est d'aller se promener. Que la balade soit courte ou longue, qu'on en fasse un voyage, qu'on ait un but ou non, qu'on aille lentement ou vite, c'est gratuit, agréable, ressourçant, distrayant.

Source : journal de Montréal du 09 avril 2017

Autant de petits plaisirs qui, si tu les consommes, feront de toi une personne en paix : avec elle-même, le Seigneur et son milieu. Et la paix est essentielle pour te protéger de nombreuses pathologies. La volonté de Dieu pour toi étant que *: « que tu prospères à tous égards et sois en bonne santé, comme prospère l'état de ton âme » 3 Jean 1:2.*

Vérité 9

Ces petits plaisirs en famille qui resserrent les liens

Autre chose que j'ai découvert depuis que je suis parent, c'est le fait que nous devenons tellement sérieux que nous oublions parfois de nous octroyer des temps de détente en famille ou tout simplement de rire ensemble. Or, la Bible nous apprend qu'un "cœur joyeux est un bon remède, mais un esprit abattu dessèche les os (Proverbes 17:22)".

Ce cœur joyeux se reconnait par ces sourires que nous adressons aux autres, ces éclats de rire qui peuvent transformer l'atmosphère de notre maison ou la vie de ceux qui nous côtoient au quotidien. Le fait de savoir banaliser et même passer l'éponge sur certaines choses que nous devons finalement dépasser pour ramener et garder la paix chez nous.

Cher(e) ami(e), depuis combien de temps n'as-tu plus éclaté de rires ? Rire à gorge déployée; rire avec une personne chère : ton enfant, ton conjoint, un(e) partenaire, assis avec les tiens et échangeant sur des choses de la vie; devant un bon film avec les autres. Rire parce que tu as décidé de le faire, juste pour le fun.

Le rire ne doit pas devenir un acte rare dans notre vie, il ne doit pas non plus devenir accessoire. Nous devons le mettre sur la liste des actes nécessaires à notre bien-être comme le manger ou le boire surtout en ces temps moroses. Notre vie est inestimablement précieuse pour que nous la gâchions en tristesse et autres lamentations. Il y a tellement d'occasions de pleurer qui s'imposent à notre vie que nous devons prendre le parti de nous réjouir dans les choses simples :

- Nous réjouir d'être celui ou celle que nous sommes, quoiqu'il y ait encore des pans de notre personnalité à améliorer.

Ce qui est le cas pour tous d'ailleurs. Eh oui! Cher parent, tu n'es pas le seul à être imparfait. C'est une belle chose de t'en être rendu compte. Ceci est une preuve que tu aspires à évoluer pour devenir une meilleure personne.

- Savoir reconnaitre et célébrer les personnes inspirantes ou des modèles qui sont autour de nous parce qu'elles nous amènent vers des sommets que nous n'aurions jamais atteints sans elles.

- Être reconnaissant(e) d'avoir croisé le chemin de personnes qui nous font souffrir ou nous font du mal. Même si c'est plus facile à dire qu'à faire, elles sont l'un des moyens par lesquels nous acquerrons la sagesse et nous croissons en maturité.

- Nous réjouir du couloir de vie dans lequel nous courons parce qu'il est le créneau idéal pour le type de vie pour laquelle nous avons été créé(e)s.

- Dealer avec le rire et refuser la tristesse parce que cette dernière agit comme une carie. Elle ronge et détruit notre santé (Proverbes 17 : 22).

Pourquoi est-ce que j'en parle? En fait, je me suis surprise en train de rire avec mon conjoint et nos enfants à gorge déployée. En fait, j'étais spectatrice d'une scène dans laquelle j'étais actrice. J'en étais comme choquée. Une fois revenue en moi-même, je me suis dit : "Eh une minute! Pourquoi devrais-je être choquée de partager un moment joyeux avec ma famille ? Dès lors, je me suis dit qu'il était temps que les choses changent !

Tout comme moi, je veux que tu réalises que le bonheur dans la vie ne consiste pas en l'accumulation des choses périssables ou à la poursuite des plaisirs éphémères. Le bonheur se construit en acceptant de faire et de se réjouir au quotidien de ces petites choses qui peuvent sembler si insignifiantes ou ennuyeuses alors qu'elles sont indispensables.

Quelques bons plans pour se retrouver en famille

Programmer une soirée cinéma en famille par mois, en l'occurrence le vendredi. Ce jour-là, ta famille et toi vous octroyez cette pause détente que vous ne devez brader pour rien au monde, à moins d'un cas de force majeure. C'est ce que nous faisons avec nos enfants et franchement, ça les rend heureux.

Visiter un zoo ou un parc d'attraction un samedi ou un jour férié avec ta famille est toujours un bon plan.

Faire une partie de jeux de société en famille (jouer au Ludo, aux cartes et participer ensemble à un jeu semblable à « questions pour un champion »; ou au trivial pursuit.

Se retrouver avec des amis ou de la famille juste pour être ensemble.

Toutes ces petites choses font du bien et resserrent les liens !

Pour conclure

Vivre le meilleur avec ta famille autant que cela dépende de toi, c'est ton choix.

Il n'y a pas longtemps, je me suis interrogée sur le sens de ma vie, sur la place que j'accordais à ma famille, et ce que je pouvais faire pour rendre les miens heureux. Dans mes réflexions, j'ai réalisé que les années passaient vite, j'avançais en âge mais je ne m'arrêtais presque jamais de courir parce que j'étais à la poursuite de je ne sais quoi. Il faut savoir que chaque jour qui passe nous rapproche de la séparation d'avec les nôtres. Ce sont des jours que nous ne rattraperons plus jamais. Cela ne nous coute rien de cultiver une vie de paix et d'amour avec les proches, et de fuir les conflits. Des conclusions auxquelles je suis parvenue et qui m'ont ramené à l'essentiel:

privilégier les petits « riens » de mon quotidien comme rire avec les autres ou, passer un moment complice avec les miens ne sont pas des détails.

Eh oui! C'est grave que les moments de rire en famille ou dans notre vie deviennent rares. Nous ne devons pas nous laisser emporter par la tyrannie de l'urgence, les difficultés et que sais-je encore... Le rire est un des éléments qui apportent la bonne humeur et est source d'harmonie. Même si la vie n'est pas rose chaque jour, nous n'avons pas à nous laisser martyriser par tous les vents qui soufflent. Toi et moi sommes encore libres de rire.

Rire apportera beaucoup à ta santé psychologique et émotionnelle. À ce sujet, j'ai découvert cette publication de reader's digest, et l'ai trouvé très intéressante. Je suis certaine qu'elle peut toujours t'aider (http://selection.readersdigest.ca/sante/vivre-sainement/pourquoi-le-rire-est-bon-pour-votre-sante/view-all/).

Ça goûte bon de rire dans la vie, faites-le autant de fois que vous le pouvez. Partagez de petits plaisirs avec vos proches. Ces petites choses font du bien à votre famille et à vous-même. Vos enfants grandissent ainsi rassurés et confiants.

Vérité 10

Tu n'es pas le seul parent à avoir des défis et tu ne seras pas le dernier.

Dans ce dernier point, je parle des astuces qui me servent en tant que parent à ne pas stresser ni me rendre malheureuse inutilement parce que j'angoisse pour mes enfants.

Un matin, il y a quatre (4) ans, alors que je venais de m'entretenir avec la neuropsychologue, contactée par l'école de mon fils, j'ai reçu une parole du Seigneur qui a complétement changé ma vie.

Cette neuropsychologue m'appelait pour céduler un rdv avec mon fils parce qu'elle voulait faire passer à ce dernier, une série d'examens. À l'école, on trouvait qu'il était hyperactif et on soupçonnait un syndrome de TDAH. J'étais quelque peu décontenancée par ce coup de fil inattendu, car il faut préciser que c'est l'école qui avait contacté cette neuropsychologue, sans nous en parler au préalable.

En fait, depuis l'entrée de notre fils à cette école de la zone, la direction de l'école travaillait fort pour nous faire accepter que notre enfant souffrait de TDAH. Pour cette raison, nous l'avons fait consulter par un médecin, ensuite par une pédiatre, et ces derniers dans leur rapport respectif avaient indiqué un problème de vue et une turbulence normale pour un garçon de sept (7) ans.

Malgré les conclusions des deux (2) praticiens, la direction de l'établissement scolaire estimait que leur rapport devait faire l'objet d'une contre-expertise. Cette fois-ci, l'école avait elle-même contacté une clinique privée de neuropsychologie avec laquelle elle collaborait afin que notre enfant passe à nouveau des examens. Suite à ce que je qualifierai de harcèlement, j'ai commencé à souffrir du fait d'être parent. Je voulais à la fois soustraire mon fils de ce calvaire et m'y soustraire par la même occasion. J'avais le sentiment que l'on voulait nous entrainer dans ce couloir contre notre gré. Et, ce sentiment d'impuissance commençait à faire monter en moi, un cri de désespoir…

C'est donc au terme de cette période de grand stress, le jour même qu'Il nous avait permis de résoudre ce problème, que le Seigneur vint m'interpeller en ces termes : « Marie Gisèle, tu sais, vous n'êtes pas les seuls parents à avoir vécu ce type de pression. Plusieurs autres parents vivent des réalités telles que la vôtre et même pire, mais elles le vivent de manière isolée et sont très souvent, démunies face à l'adversité ».

Cette interpellation fut ce jour-là pour moi toute une révélation. C'était comme si je découvrais soudainement, que d'autres parents passaient aussi par des épreuves et que finalement, je ne pouvais pas faire comme si, nous étions la seule famille dans la détresse. Encore que, nous ne l'étions pas véritablement !

Au fur et à mesure que j'y réfléchissais, les minutes qui suivirent, Dieu commença à me faire comprendre certaines vérités. Il commença à asseoir en moi la conviction que c'était pour cette mission qu'Il m'avait suscitée : aider, accompagner les parents à réussir dans la responsabilité qui leur a été confiée.

En effet, de nombreux parents connaissent des défis avec leur(s) enfants dans différents domaines. Mais, tout cela reste privé et individuel parce que chacun le vit dans son coin. S'il y avait une plateforme d'échanges et de partage entre les parents sur divers thèmes et sujets, les choses seraient moins difficiles à vivre. Une sorte de plateforme à travers laquelle ils peuvent s'exprimer, échanger, s'entraider en se portant mutuellement dans la prière. C'est donc ainsi qu'est née l'organisation ***Parents en Mission***. Aujourd'hui, mon époux et moi portons cette œuvre qui, petit à petit, fait son chemin par la grâce de Dieu. Et nous sommes émerveillés de voir combien de nombreux parents sont soulagés parce qu'ils se rendent compte que bien d'autres comme eux, ont vécu ou traversent des situations similaires et qu'il est possible de s'en sortir.

Accepte et intègre le fait que présent ou pas ton enfant aura des défis.

À toi qui me lis présentement, je veux juste te faire comprendre que la vie d'un parent n'est pas toujours ce long fleuve tranquille que l'on s'imagine. Derrière chaque enfant, chaque individu, se trouve un défi : difficultés scolaires, défis de santé, de sécurité, d'ordre comportemental ou émotionnel, etc. La liste est loin d'être exhaustive. En fait, j'ai compris que la vie d'un être humain est jalonnée de défis et en tant que parent, tu dois en prendre conscience.

Nous pouvons débattre toute la vie des défis rencontrés par tel parent ou de la grâce d'un tel autre dont l'enfant s'en sort bien. Mais, il est cependant une vérité qui est sans équivoque, c'est le fait que chaque enfant est singulier. Son caractère, son approche de la vie sont uniques et sa vie ne sera jamais semblable à celle de quelqu'un d'autre. Simplement parce que son tracé ne sera jamais celui d'un autre, fut-il un jumeau !

Pour certains, c'est dans la jeune enfance que ces batailles ont lieu; pour d'autres, c'est dans l'adolescence et certains autres, c'est à l'âge adulte. La conscience de ce que de nombreux parents comme toi, doivent dealer avec les défis de leur progéniture, devrait t'amener à moins stresser et à te libérer. Il est vrai que l'on ne saurait être consolé de ce que l'autre parent est aussi affligé que nous, ou l'est peut-être plus parce que cela ne change en rien notre situation; Cela devrait toutefois, nous amener à relativiser et à considérer les bons côtés de notre vie. Car au finish, les inquiétudes ou les peurs n'ajouteront, ni n'amélioreront rien du tout. Bien au contraire !

Au lieu de te morfondre, pratiques Matthieu 11 : 28-30

La parole de Dieu nous instruit sur cette vérité qui est valable pour tout être humain : « ... Si l'Éternel ne garde la ville, Celui qui la garde veille en vain. ». Une autre façon de nous rappeler les limites de notre condition humaine. Aucun être humain quel que soit son niveau d'autorité ou les dispositions qu'il prend, ne peut avoir la maitrise totale des évènements. Il y a des défis qui nous dépassent et dont les issues nous surpassent. D'où la nécessité d'aller à Lui car, lorsque nous sommes fatigués et chargés, Lui seul peut trouver la solution au défi auquel nous sommes confrontés. Mon conseil est fondé sur cette parole de Jésus dans Matthieu 11 : 28-30. Je le pratique régulièrement lorsque l'angoisse veut se saisir de moi, et je présente mon fardeau à Dieu dans la prière.

Apprenons donc à lui remettre tout ce qui peut nous inquiéter, nous faire peur ou nous déprimer. Comme Dieu même le promet, « lui-même prendra soin de nous ».

Prendre soin de toi, c'est en premier : te donner la paix.

Très souvent lorsqu'on est confronté à une situation qui nous semble sans issue, le trouble, la panique et même la confusion se saisissent de nous. La paix que le Seigneur te donne, introduit la stabilité dans tes pensées. Ce qui a pour but de te donner de réfléchir sereinement et d'avoir une meilleure lecture la situation.

Prendre soin de toi c'est aussi : identifier les différentes options concernant la situation à laquelle tu fais face; t'ouvrir les yeux sur toutes les perspectives qui se présentent à toi.

Prendre soin de toi c'est enfin : t'éclairer avec l'aide du Saint-Esprit sur la décision appropriée à prendre. Il ne faut pas oublier que face à un problème, plusieurs solutions peuvent sembler bonnes mais, il n'y a toujours qu'une seule qui convient le mieux à la situation. Et c'est celle-là qui, si on est un tant soit peu attentif, est la solution idoine à notre problème. Elle peut paraitre incongrue au départ mais lorsqu'on obéit à la voix de Dieu, on finit toujours par se rendre compte, avec le temps, que c'était la meilleure chose à faire. Elle est en vérité, une bénédiction de Dieu.

Faire la bonne chose au bon endroit, au bon moment et avec le bon esprit

Une fois que nous avons traversé les étapes développées plus haut, la suivante est l'action. Il faut savoir que pour réussir avec Dieu, l'obéissance est cruciale.

Pour développer ce point, je vais revenir au harcèlement que nous avons connu, pour faire dire que notre enfant était atteint du TDAH. Voici le fin mot de l'histoire.

Quand il m'avait fallu appeler cette neuropsychologue qui avait été contactée par l'école de notre fils, je demandai au Seigneur quelques jours avant, quel argument je pouvais présenter pour rejeter ou refuser que mon fils passe les tests. La veille du jour de mon coup de fil, le Saint-Esprit m'inspira de lui dire simplement que je préférais que mon fils continue d'être suivi par un autre pédiatre de l'hôpital public, parce que j'estimais que son avis serait plus neutre. Tandis qu'en ce qui la concernait, ayant été contactée par l'école et les tests payés par cette dernière, le risque était grand que les conclusions soient orientées et que ceux-ci aillent dans le sens voulu par l'école.

Malgré ses dénégations et ses tentatives pour m'amener à changer d'avis, mon mari et moi sommes restés fermes. L'école prit le relais quelques jours plus tard avec des intimidations à peine voilées. C'est à partir de là que nous avons commencé à nous rendre compte que nous tenions le bon bout. Une telle pression nous semblait quelque peu surréaliste alors même que notre enfant avait un rdv avec un autre médecin pour le même examen. En vérité, les responsables de l'établissement scolaire espéraient un diagnostic confirmant le TDAH qui conduirait à le placer sous médication.

C'est quelques semaines plus tard que nous avons réalisé à quoi notre enfant avait échappé. En effet, le journal de Québec, un des quotidiens de la Province écrivait dans son numéro du 06 novembre 2019, les résultats de travaux effectués par La sociologue Marie-Christine Brault, professeure à l'Université du Québec à Chicoutimi. Mme Brault, dans un projet de recherche portant sur le contexte scolaire entourant les diagnostics reliés au TDAH, concluait que la consommation de psychostimulants comme le Ritalin est trois fois plus élevée au Québec que dans le reste du Canada parce que les écoles contribuaient en grande partie par la pression qu'elles exerçaient sur les parents, à faire établir ce diagnostic. .

En effet, de nombreuses écoles bénéficiaient des subventions de firmes pharmaceutiques, en fonction du nombre d'enfants déclarés hyperactifs. Plus il y avait d'enfants diagnostiqués TDAH dans un établissement scolaire, plus celui-ci recevait des subventions.

Pour réussir à sortir de ce piège, il nous avait fallu écouter ce que Dieu avait mis dans nos cœurs.

Quelle leçon peut-on tirer de ce dernier chapitre du livre ? L'enseignement à garder est celui de passer à l'action quand Dieu le demande. Cela implique très souvent que tu dépasses tes peurs ou ce qui t'intimide, si tu veux parvenir à la victoire. Dans cette phase, il te faut absolument toujours être connecté à l'Esprit de Dieu pour qu'Il te communique du courage et une force intérieure qui ne sont pas naturels. Cela implique aussi de rester ferme dans tes positions. Tu verras en fin de compte que Dieu te donne de triompher des épreuves que beaucoup ne saurait surmonter.

Conclusion du livre

J'ai été inspirée dans la rédaction de ce livre par l'ouvrage, *La prière des parents est efficace* de Stormie O'Martian, auteure chrétienne américaine. Ses nombreuses publications m'ont beaucoup bénie et ont changé positivement ma vie de couple et ma conception du rôle de parent.

Ce que je peux dire en conclusion, c'est que depuis le premier homme, l'humanité est prise dans une guerre. Cette guerre bien qu'invisible, parce que spirituelle, finit toujours par produire des conséquences visibles et même physiques. Cette guerre est celle du gain des âmes. Il est important de réaliser en tant que parent que ton enfant n'a pas besoin de devenir un adulte pour être reconnu comme étant une âme. Il l'est déjà par Celui qui l'a créé. Il n'a pas non plus besoin d'être adulte pour être confronté à la violence du monde et de son système; ils l'attendent de pieds fermes comme c'est le cas, pour tout être humain qui pointe son nez hors de l'utérus maternel.

J'ai donc voulu que tu réalises à travers les vérités développées ici que ton rôle est capital. Car entre tes mains, Dieu a placé une Vie. Celle-ci a besoin d'armes adéquates pour être victorieux dans le monde de demain, et de tous les défis que cet enfant aura à affronter et à confronter.

Il n'est pas question, premièrement de biens matériels et financiers. Il s'agit d'enseignements, de valeurs et de la sagesse que tu as reçus, et acquis à travers ton parcours de vie et au travers de ta relation avec Dieu. Un héritage que tu dois absolument léguer à tes enfants. La Bible confirme ces propos dans le livre des Proverbes 8 au verset 11: « *Car la sagesse vaut mieux que les perles, Elle a plus de valeur que tous les objets de prix.* »

Un autre conseil tout aussi important : ne te laisse jamais diriger par ce que les gens disent, ce que la société définit comme modèle d'éducation. Car tu cours le risque de faire de tes enfants, des personnes sans racines, sans valeurs et sans but sur cette terre.

Au contact des parents qui ont réussi à transmettre à leur enfant, le sens véritable de la vie, j'ai appris ceci :

On peut écouter les conseils, recueillir des avis, mais ne jamais laisser des tiers, une certaine culture, devenir notre boussole dans nos décisions de parent.

Ne pas permettre qu'on dise n'importe quoi ou que l'on donne n'importe quel nom ou attribut à ton enfant. Car, le nom finit par caractériser la personne.

Enfin, rappelle-toi toujours que le fait d'être chrétien né de nouveau, te donne un avantage incontestable : celui d'arrêter ce qui pourrait être un non-sens dans la vie de ta progéniture (Jérémie 1 :10). Mieux, d'actionner par la prière, les proclamations tirées de la parole de Dieu et les prophéties qui ont été dites sur sa vie afin qu'elle accomplisse sa destinée en Christ.

Papa, maman, ne te laisse donc plus surprendre, ni laisser ton enfant se voir, voler ou détruire sa vie. Accroche-toi à Dieu et avec Lui, tu feras des exploits, car c'est Lui qui écrase Satan et ses suppôts sous nos pieds.

Soyez abondamment bénis, ta famille et toi au nom du Christ, Jésus.

Quelques informations et références importantes

Notre site internet :

https://www.parentsenmission.org/

Notre adresse courriel :

parentsenmission@gmail.com

Page Facebook :

https://www.facebook.com/ParentsEnMission

Je veux juste dire à toi qui a lu cet ouvrage, et qui est sans relation avec Dieu que, pour bénéficier de la pleine et permanente protection de Dieu, il te faut rentrer en alliance avec Dieu. Cette alliance se fait par la remise des rênes de ta vie à Jésus-Christ.

Ainsi, tout ce qui a t'a toujours troublé, toute malédiction, souffrance et autres luttes que tu as connues jusqu'à présent deviendront désormais les batailles que Dieu mènera pour et avec toi. Et la victoire, je peux te dire qu'avec Lui, qu'elle est assurée d'avance.

Voici donc ci-dessous, la prière du salut que tu peux faire afin de devenir enfant de Dieu, et que ton nom soit inscrit dans le livre de vie.

"Seigneur Jésus-Christ,

Je crois que Tu es le Fils de Dieu, je crois que Tu es mort pour mes péchés, je crois que Tu es ressuscité le 3e jour pour moi. Seigneur Jésus, je T'invite dans mon cœur comme mon Seigneur et comme mon Sauveur.

À partir d'aujourd'hui, je Te rends grâce car Tu m'accordes un nouveau départ, Tu me donnes une vie nouvelle. Seigneur Jésus-Christ, je déclare que désormais mes péchés sont pardonnés et sont effacés par Ton sang précieux qui a coulé pour moi. Père dans le nom de Jésus, je Te rends grâce je déclare désormais que je suis sauvé(e), que mon nom est inscrit dans le livre de vie. Je fais cette prière dans le nom de Jésus-Christ". Amen.

www.ingramcontent.com/pod-product-compliance
Lightning Source LLC
LaVergne TN
LVHW050315160826
845677LV00014B/3402

* 9 7 8 2 9 8 1 6 7 8 4 2 3 *